ニチガク式学習支援!!

日本学習図書（ニチガク）

ニチガクの家庭学習支援

Web学習サポートサービス

こんなこと…ありませんか？

「ニチガクの問題集…買ったはいいけど、、、
この問題の教え方がわからない（汗）」

メールでお悩み解決します！

☆ ホームページ内の専用フォームで必要事項を入力！

☆ 教え方に困っているニチガクの問題を教えてください！

☆ 確認終了後、具体的な指導方法をメールでご返信！

☆ 全国どこでも！ スマホでも！ ぜひご活用ください！

<質問回答例>

学習のポイント

推理分野の学習では、後の学習に活きる思考力を養うことができます。ご家庭で指導する場合にも、テクニックにたよらず、保護者の方が先に基本的な考え方を理解した上で、お子さまによく考えさせることを大切にして指導してください。

Q.「お子さまによく考えさせることを大切にして指導してください」と学習のポイントにありますが、考える習慣をつけさせるためには、具体的にどのようにしたらいいですか？

A. お子さまが考える時間を持てるように、質問の仕方と、タイミングに工夫をしてみてください。
たとえば、「答えはあっているけど、どうやってその答えを見つけたの」「答えは○○なんだけど、どうしてだと思う？」という感じです。はじめのうちは、「必ず 30 秒考えてから手を動かす」などのルールを決める方法もおすすめです。

まずは、ホームページへアクセスしてください!!

http://www.nichigaku.jp　日本学習図書　検索

首都圏版 ㊲ **類似問題で効率のよい志望校対策を！**

東京学芸大学附属 小金井小学校

ステップアップ問題集

2022 年度版

志望校の出題傾向・意図をおさえた豊富な類似問題で合格後の学習にも役立つ力が身に付く！！

●すぐに使える **プリント式！** ●全問 **アドバイス付！**

必ずおさえたい問題集

東京学芸大学附属小金井小学校

お話の記憶	お話の記憶問題集 中級編
図 形	Ｊｒ・ウォッチャー 16「積み木」
言語	Ｊｒ・ウォッチャー 17「言葉の音遊び」
推理	Ｊｒ・ウォッチャー 31「推理思考」
数 量	Ｊｒ・ウォッチャー 37「選んで数える」

全30問収録！

日本学習図書 ニチガク

目指せ！合格！

家庭学習ガイド
東京学芸大学附属小金井小学校

ペーパー　巧緻性　運動

入試情報

募集人数：男子　53 名　女子　52 名
応募者数：男子 541 名　女子 528 名
出題形態：ペーパー、ノンペーパー
面　　接：なし
出題領域：ペーパー（お話の記憶、見る記憶、数量、言語、図形、常識、推理）、巧緻性、運動

入試対策

2021 年度入試では、例年と異なり入学調査が1日のみ（男女別）で行われました。課題はペーパー、巧緻性、運動が行われ、志願者同士が接触する行動観察や声を出す口頭試問は実施されませんでした。
ペーパーテストでは、お話の記憶、見る記憶、数量、言語、図形、常識、推理が出題されました。基礎的な内容が中心ですが、解答時間が短いため、集中して、速く、正確に解けるよう、理解とスピードの双方を準備して臨むようにしてください。また、グループによって問題が異なっているものもありました。
巧緻性テストでは、手先の器用さとともに、指示をきちんと聞いたり、課題の内容を理解したりする力が観られています。
運動テストでは、運動の出来不出来だけでなく、指示を理解しているかどうかや、待っている時の態度もチェックされていると考えてよいでしょう。態度やマナーは、短期間で身に付くものではありません。ていねいな言葉遣いや行動を心がけ、自然に振る舞えるようにしておきましょう。

●ペーパーテストでは、特に難しい問題はありません。ペーパー学習だけを行うのではなく、ふだんの生活を通じて身に付けることができるものも多くあります。日常生活の中で学べることを、見逃さないようにしてください。

●入学調査が２日間から１日へと変更されましたが、試験時間が長くなることはなく、40 分程度ですべての考査が終了しました。

●行動観察と口頭試問が実施されませんでしたが、口頭試問の代わりに少人数のグループで、「今日はどうやってここまで来ましたか？　バスの人。電車の人」といった質問に挙手で答えるという課題が実施されました。評価の対象になっているのかどうかは不明ですが、しっかりと対応できるようにしておくとよいでしょう。

●ペーパーテストは、全部で７問ということは共通していましたが、本書に掲載した問題以外に、「図形」では同図形、図形の構成、展開、「推理」ではシーソー、系列といった出題もあったようなので、幅広い対策が必要になります。

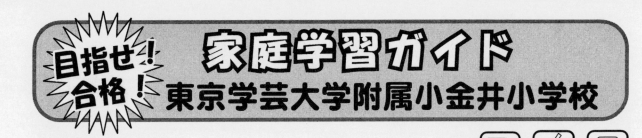

「東京学芸大学附属小金井小学校」について

＜合格のためのアドバイス＞

　当校は、東京学芸大学の４つの附属小学校のうちの１校で、「明るく思いやりのある子」「強くたくましい子」「深く考える子」を教育目標としています。当校の特徴的な行事として、３年生以上の児童が全員参加する、山や海での校外宿泊生活があげられます。卒業までに6回、合計20日間を超えるこの生活は、自然を体験するだけでなく、共同生活を通じて心身を成長させる目的も持っています。

　当校の入試には、調査前抽選がありません。志願者全員が入学調査を受け、合格者を対象に抽選を行います。年度により調査内容に大きな変化が見られないこともあり、例年、倍率は10倍前後という高い水準です。ミスをせず、確実に正解することが必要です。学習においては、さまざまな問題に対応できるよう、幅広い分野の基礎・基本を反復学習して、学力の土台をしっかりと作った上で、応用問題に取り組んでいくことをおすすめします。

　2021年度入試は、試験日程の変更（２日間→１日）はあったものの、その内容に大きな変化は見られませんでした。行動観察、口頭試問がなかった分、ペーパーの比重が高まるという見方もできますが、行動観察がなかったとしても、試験全体を通して志願者の振る舞いは観られています。気を抜かないようにしましょう。2022年度入試がどんな形で行われるかはわかりませんが、大幅な変更は考えにくいので、過去問などを通じて出題傾向をつかんでおいてください。

　通学に関しては、区域が厳密に指定されており、通学時の安全やマナーの指導は保護者に任されています。入学調査の口頭試問（2021年度入試では行われず）においても、学校までの交通手段や時間などを受験者に問われることがあるので、調査当日も公共の交通機関を利用してください。また、お子さまにも、学校までの交通経路や交通安全マナーなどについて理解させておきましょう。

　なお、併設の小金井中学校へは、連絡進学の制度がとられていますが、無条件の進学ではありません。出願にあたって、当校が幼・小・中の一貫教育ではないことを充分に理解している必要があります。

〈2021年度選考〉

◆ペーパーテスト
（お話の記憶、見る記憶、数量、言語、図形、常識、推理）

◆巧緻性
（折り紙を折る・ちぎる・留める）

◆運動
（立ち幅跳び）

◇過去の応募状況

2021年度	男子541名	女子528名
2020年度	男子509名	女子496名
2019年度	男子523名	女子474名

2021年度募集日程

2021年度実施済みの日程です。
2022年度募集日程とは異なりますのでご注意下さい。

【説明会(Web)】 2020年9月12日～18日 ※要事前申込
【願書配布】 2020年9月14日～25日（土日祝除く） ※1部1,000円
【出願期間】 2020年9月23日～10月2日
※郵送受付のみ。消印有効。
【検定料】 3,300円
【選考日時】 入学調査：2020年11月25日（男子）・26日（女子）
※本年度は1日のみ
抽　　選：2020年11月28日
【選考内容】 ペーパーテスト：お話の記憶、常識、推理、数量、図形 など
巧緻性テスト：折り紙
運動テスト：立ち幅跳び など

2021年度募集の応募者数等

【募集人員】 男女計・・105名
【応募者数】 男子・・・・541名　女子・・・・528名
【合格者数】 男子・・・・・53名　女子・・・・・52名

2022年度募集日程予定

募集日程は予定ですので、変更される可能性もあります。
日程は、必ず事前に学校へお問い合わせください。

【説明会(Web)】 2021年9月11日～17日 ※要事前申込
【願書頒布(Web)】 2021年9月11日～10月1日 ※1部2,000円
【出願(Web)】 2021年9月21日～10月1日
【入学調査】 2021年11月24日（男子）・25日（女子）
※本年度は1日のみ
【抽　　選】 2021年11月27日
【入学手続き】 2021年12月6日・7日

(得) 先輩ママたちの声！

◆実際に受験をされた方からのアドバイスです。
ぜひ参考にしてください。

東京学芸大学附属小金井小学校

・受付時間までは校庭で待機することになります。親子ともに、防寒対策や悪天候への備えはしっかりしておいた方がよいでしょう。

・待ち時間の態度はしっかり観られているように感じました。

・試験が２日間から１日になりましたが、試験時間は短く、40分ほどで出てきました。

・並んで待っている間、泣いていたり、騒いでいたりするお子さまが数名いました。ふだんとは異なる雰囲気でも緊張させない声かけが必要だと感じました。

・ペーパーテストは簡単な問題なので、ミスをしないようにすることが大切です。

・巧緻性の課題はシンプルなものですが、１回しか説明されず、時間も２分間と短いので、よく聞いて作業することが必要です。説明を聞いていなかったために、上手にできなかったお子さまもいたそうです。

・運動テストの立ち幅跳びの着地で手をついてしまったのですが、合格をいただけました。

・問題の説明をそれほど親切にしてくれるわけではないので、何度も過去問を解いて練習しておくとよいと思います。

・試験は、子どもの性格そのものを観ているようなので、明るく元気な子に育てることが大切だと感じました。

・試験は簡単だったようですが、時間が短かく、あっという間に終わってしまったと言っていました。

東京学芸大学附属
小金井小学校

ステップアップ問題集

〈はじめに〉

　現在、少子化が叫ばれているにもかかわらず、国立・私立小学校の入学試験には一定の応募者があります。入試は、ただやみくもに学習するだけでは成果を得ることはできません。志望校の過去における出題傾向を研究・把握した上で、練習を進めていくこと、その上で試験までに志願者の不得意分野を克服していくことが必須条件です。そこで、本問題集は小学校を受験される方々に、志望校の出題傾向をより詳しく知って頂くために、過去に遡り出題頻度の高い問題を結集いたしました。最新のデータを含む精選された過去問題集で実力をお付けください。

　また、志望校の選択には弊社発行の「2022年度版　首都圏　国立小学校入試ハンドブック」「2022年度版　首都圏・東日本　国立・私立小学校　進学のてびき」をぜひ参考になさってください。

〈本書ご使用方法〉

◆出題者は出題前に一度問題を通読し、出題内容などを把握した上で、〈 準　備 〉の欄に表記してあるものを用意してから始めてください。

◆お子さまに絵の頁を渡し、出題者が問題文を読む形式で出題してください。問題を読んだ後で、絵の頁を渡す問題もありますのでご注意ください。

◆「分野」は、問題の分野を表しています。弊社の問題集の分野に対応していますので、復習の際の目安にお役立てください。

◆描画や工作、常識等の問題については、解答が省略されているものが一部あります。お子さまの答えが成り立つか、出題者がご自身でご判断ください。

◆〈 時　間 〉につきましては、目安とお考えください。

◆学習のポイントは、指導の際にご参考にしてください。

◆【おすすめ問題集】は各問題の基礎力養成や実力アップにご使用ください。

〈本書ご使用にあたっての注意点〉

◆文中に **この問題の絵は縦に使用してください。** と記載してある問題の絵は縦にしてお使いください。

◆〈 準　備 〉の欄で、クレヨンと表記してある場合は12色程度のものを、画用紙と表記してある場合は白い画用紙をご用意ください。

◆文中に **この問題の絵はありません。** と記載してある問題には絵の頁がありませんので、ご注意ください。尚、問題の絵の右上にある番号が連番でなくても、中央下の頁番号が連番の場合は落丁ではありません。
下記一覧表の●がついている問題は絵がありません。

問題１	問題２	問題３	問題４	問題５	問題６	問題７	問題８	問題９	問題10
問題11	問題12	問題13	問題14	問題15	問題16	問題17	問題18	問題19	問題20
問題21	問題22	問題23	問題24	問題25	問題26	問題27	問題28	問題29	問題30

◎学習効果を上げるため、前掲の「家庭学習ガイド」及び「合格のためのアドバイス」をお読みになり、各校が実施する入試の出題傾向を、よく把握した上で問題に取り組んでください。
※冒頭の「本書ご使用方法」「ご使用にあたっての注意点」も併せてご覧ください。

問題１　分野：お話の記憶

〈準備〉　鉛筆

〈問題〉　ある春の日、クマくんが公園へ遊びに行きました。途中でキツネくんとサルくんとブタさんも誘いました。ブタさんは「ピアノの練習が終わったら行くね」と言いました。公園に着くとタヌキくんがすべり台で遊んでいました。「こんにちは。タヌキくん」みんなでタヌキくんにあいさつをしました。クマくんとサルくんがシーソーで遊んでいると、ウサギさんがやってきました。「こんにちは。ウサギさん。素敵な帽子をかぶっているね」とクマくんが言いました。「ありがとう。昨日お母さんに買ってもらったの」とウサギさんはうれしそうに言いました。お友達が増えたので、みんなで鬼ごっこをすることにしました。たくさん遊んだのですっかり疲れてしまってひと休みしていると、ブタさんがやってきました。ブタさんは「遅くなってごめんね。これ、みんなで食べようよ」と言いながらチョコレートを出しました。みんなに２個ずつチョコレートを配ったらちょうどピッタリ、１つも残りませんでした。ひと休みしてすっかり元気になったみんなは、鬼ごっこをして遊びました。

（問題１の絵を渡す）
①タヌキくんが公園で遊んでいたものに○をつけてください。
②ウサギさんがお母さんに買ってもらったものに○をつけてください。
③ブタさんはチョコレートをいくつ持ってきましたか。その数だけ○をつけてください。
④お話に出てこなかった動物に○をつけてください。

〈時間〉　各15秒

〈解答〉　①右から２番目（すべり台）　②左端（帽子）　③○：12
④右から２番目（イヌ）

学習のポイント

当校のお話の記憶の特徴を整理します。お話は400字程度で、動物のお友だちが集まっていっしょに遊ぶものが多く扱われています。複雑な内容ではありませんが、登場する動物がやや多く、それぞれがいろんな遊びをしているので、迷ってしまうかもしれません。質問は２～５問程度ですので、お話に出てくる順番に沿って、「誰が何をしたか」を頭の中でイメージしながら聞きましょう。お話を覚える際には、お話を３つ程度に分けると、出来事やお友だちの出入りがわかりやすくなり、聞き取りに余裕が出てきます。ふだんの練習では、「お話を大きく３つに分けるとどうなる」などと、場面を分ける質問をしたり、「最初の場面では、どんなことがあったか」などと、場面の順番を意識できるような質問をしたりすることをおすすめします。場面分けの意識ができるようになったら、細かい描写をつかむ質問を加えていきましょう。なお、季節やマナーなどを問うものは、それほど多くは出題されていません。

【おすすめ問題集】
１話５分の読み聞かせお話集①・②、お話の記憶 初級編・中級編・上級編、
Ｊｒ・ウォッチャー19「お話の記憶」

問題2　分野：見る記憶

〈準備〉　鉛筆

〈問題〉　（問題２－１の絵を見せる）
この絵をよく見てください。
（15秒後、問題２－１の絵を伏せて、問題２－２の絵を渡す）
この絵には、最初に見せた絵と違うところが４つあります。見つけて、○をつけてください。

〈時間〉　30秒

〈解答〉　下図参照

学習のポイント

当校の見る記憶の問題では、複数の絵の中から覚えた絵と同じものを探す問題と、本問のように２枚の絵の違っているところを見つける問題があります。どちらの問題でも、覚え方の基本は同じです。まず、絵の全体を見渡して場面をつかみます。全体をつかんだら、細かい部分に目を向けていきます。左から右へ、あるいはキャラクターからものへなど、目線を動かす順番を決めておくと良いでしょう。細かい部分を見る時には、描かれているものの名前だけでなく、向きや色、ポーズにも気を配るようにしてください。ふだんの練習では絵を比べるだけでなく、どんな絵だったのかを質問していくと、お子さまの記憶の状況がつかみやすくなります。その時には、全体から細かい部分へと意識が向くように質問を工夫していくと効果的です。

【おすすめ問題集】
Ｊｒ・ウォッチャー20「見る記憶・聴く記憶」

問題3　分野：数量（計数）

〈準備〉　鉛筆

〈問題〉　上の段の絵を見てください。絵の中の動物たちが、バナナを２本ずつ食べると、バナナはいくつ余るでしょうか。その数だけ、下の段に○を書いてください。

〈時間〉　20秒

〈解答〉　○：４

学習のポイント

当校の数量の問題は数える、多いものを選ぶ、分けるなど、基本的な問題がさまざまな形で出題されます。複雑な問題や10以上の数はあまり見られないので、確実に正解できるようにしてください。数える問題では、「数（かず）」が言えるのと同時に、「１」や「10」などの数がどれくらいの量なのかなど、「数の概念」を理解していることが大切です。おはじきなどを利用したり、鉛筆で印をつけたりするなど、数える練習をくり返しましょう。基本的な計数の考え方を身に付け、練習を重ねれば、自然に頭の中で数えられるようになります。同時に素早い処理もできるようになるでしょう。数量の問題は、基本的なことを正確に処理する力を養います。小学校入学後にも役立ちますので、焦らずにていねいに練習をしてください。

【おすすめ問題集】

Ｊｒ・ウォッチャー14「数える」、37「選んで数える」、40「数を分ける」

問題4　分野：図形（積み木）

〈準 備〉　鉛筆

〈問 題〉　積み木はいくつありますか。１番多いものに、○をつけてください。

〈時 間〉　30秒

〈解 答〉　左下

学習のポイント

当校の図形の問題は、数量と同様にさまざまな分野から出題されており、その中でも積み木を数える立体の問題は頻出分野の１つです。積み木の問題は、見えない積み木を正しく数えることができるかがポイントです。絵にそのものは描かれていなくても、２段目に積み木がある場合、１段目にも積み木があります。この点が理解できると、立体に関する問題が考えやすくなります。ふだんの練習でも、見えない部分の積み木に注目してください。奥の列の形だけを聞くような質問をしてみたり、四方観察の要領で積み木を反対側から見る練習をしてみたりと、実際に積み木を使いながら、体感して覚えていきましょう。

【おすすめ問題集】

Ｊｒ・ウォッチャー10「四方からの観察」、16「積み木」、
53「四方からの観察　積み木編」

弊社の問題集は、巻頭の注文書の他に、
ホームページからでもお買い求めいただくことができます。
右のQRコードからご覧ください。
（東京学芸大学附属小金井小学校おすすめ問題集のページです。）

問題5　分野：推理（推理思考）

〈準備〉　鉛筆

〈問題〉　（問題5－1の絵を見せる）これは、いくつかの図形を重ねた絵です。
（問題5－2の絵を渡す）では、はじめに渡した絵はどの順番で重なっているでしょうか。下からの順番を選んで、段の左上にある四角の中に○をつけてください。

〈時間〉　20秒

〈解答〉　上から2番目

学習のポイント

当校では、思考力を観点とした図形の問題が、例年出題されています。模様が描かれた2種類の図形を重ねた時の形を問うものや、本問のようにいくつかの図形を下から重ねた時の順番を問うものなどがあります。出題バリエーションの広さがこの分野の特徴です。図形を重ねた時の1番上の図形は、その形がすべて見えているので、月とわかります。星は月にその一部を隠されていますが、逆に八角形の一部を隠しているので、月→星→八角形と順とわかるというわけです。このように、どの図形がどの図形を隠しているのかを順番に確認していくと考えやすいでしょう。もっと理解を深めたいなら、本問と同じように紙を切り抜いて（色を塗って）、実際に重ねてみるとよいでしょう。図形を使った問題に慣れるには、実際に手を動かして確認していくのが1番です。

【おすすめ問題集】
Ｊｒ・ウォッチャー31「推理思考」

問題6　分野：言語（しりとり）

〈準備〉　鉛筆

〈問題〉　上の段の絵をしりとりでつなげる時、四角で囲われた絵のどちらを選べばいいでしょうか。○をつけてください。できたら、下の段も同じようにやってください。

〈時間〉　30秒

〈解答〉　下図参照

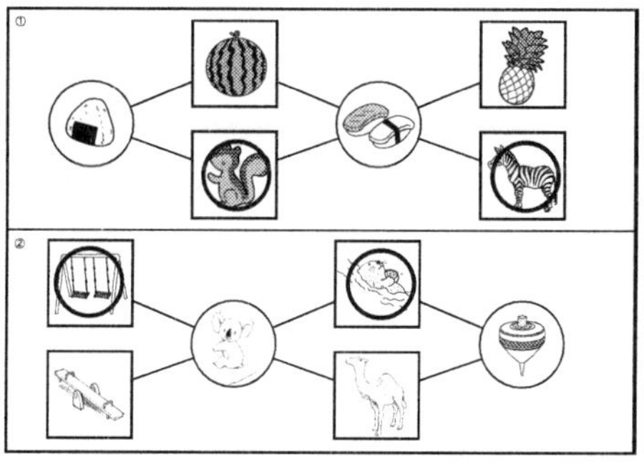

学習のポイント

言語分野の問題は、「しりとり」や「同音つなぎ」など、いろいろな出題パターンがありますが、「言葉を音の集合として捉えること」や「年齢なりの言葉を知っていること」などが観られています。本問は「しりとり」で、「同頭語」と「同尾語」の理解が必要です。①では、ふだんから、しりとり遊びをしていれば、あまり迷わずに解くことができるでしょう。一方で、②の１つ目の絵は、最後の音が２つ目の「コアラ」の最初の音（「コ」）と同じものを探します。「同頭語」「同尾語」というと難しく聞こえますが、要は言葉が「音の集まり」であることを捉えられれば大丈夫です。ものの名前を覚える時に、「１番目の音は何？」「３番目の音は何？」などと音の順番を質問するなどして、言葉が「複数の音の集まり」であることを体感して覚えるようにしましょう。また、言語の問題では、言語の知識は他分野とのつながりも深く、小学校進学後の学習にも必要なものです。言語、理科、常識の分野をまとめて学習することをおすすめします。例えばスイカの場合、「ス・イ・カ」という３つの音の集合であること、切ると種が均等に散らばっていること、スイカ割りのように夏を代表するものの１つであることなどをセットで教えると覚えやすくなります。新しい言葉を知った時には、図鑑や映像で知識を補強していくとよいでしょう。

【おすすめ問題集】
Ｊｒ・ウォッチャー17「言葉の音遊び」、49「しりとり」、
60「言葉の音（おん）」

問題７　分野：図形（重ね図形）

〈準備〉　鉛筆

〈問題〉　左に、透明の紙に書かれた形が２つあります。その２つをそのまま横にずらしてぴったり重ねると、右にある形のどれになりますか。○をつけてください。

〈時間〉　15秒

〈解答〉　①左から２番目　②右端　③左から２番目　④右端

学習のポイント

図形が書かれた２枚の透明な紙を重ねる問題です。この形式の重ね図形の問題も、当校では過去に何度か出題されていますので、基本的な解き方を理解しておきましょう。まず、左側の図形の特徴的な部分に注目し、それが選択肢の中にあるかどうか確認します。次に、右側の図形でも同様に行なうと、答えが見つけられます。上手く見つけられるようになるには、実際に図形を重ねてみる練習がおすすめです。透明のクリアファイルに図形を書いて、お子さまの目の前で重ねてみせるのがよいでしょう。このような練習を繰り返して、お子さまの図形の性質を理解する力を伸ばしてください。

【おすすめ問題集】
Ｊｒ．ウォッチャー35「重ね図形」

問題8　分野：数量（計数）

〈準 備〉　鉛筆

〈問 題〉　左の四角に描いてあるようなおやつセットを、真ん中にある材料で作ります。おやつセットができる数だけ、右の四角に○を書いてください。

〈時 間〉　各20秒

〈解 答〉　①○：６　②○：３

学習のポイント

指定されたものの組み合わせを作り、それを数える問題です。お皿の上におやつが２種類のせられるので、少ないものの数をかぞえると自動的にできる組み合わせの数がわかります。①ではバナナが６つしかないので、おやつセットは６つできることがわかります。②の場合、１番少ないのはせんべいですが、アメ玉は１つのお皿に２つ必要なので、３組しか作ることができません。この問題の場合は、アメ玉２つを○で囲んで考えるとわかりやすくなります。数量の知識はもちろんですが、ふだんの生活の中で、お菓子をみんなで分ける経験などが役に立ちます。過剰に意識する必要はありませんが、日常生活も知識を身に付けるよい機会として大切にしてください。

【おすすめ問題集】
Ｊｒ.ウォッチャー14「数える」、37「選んで数える」、42「一対多の対応」

問題9　分野：常識（仲間はずれ探し）

〈準 備〉　鉛筆

〈問 題〉　それぞれの段に、１つだけ違う仲間のものがあります。それを探して、○をつけてください。

〈時 間〉　各15秒

〈解 答〉　①ピーマン（野菜、ほかは果物）
②タンバリン（楽器、ほかは台所用品）
③えのぐ（お絵かきで使うもの、ほかはスポーツで使うもの）
④アヒル（鳥、ほかは動物）
※上記以外の答えでも、理由が妥当であれば正解としてください。

学習のポイント

「仲間探し」「仲間はずれ探し」などの問題では、年齢相応の知識、道徳観、生活常識を身に付けていることが求められています。ふだんから、身の周りにあるもの、絵本やテレビなどで目にするものについて、名前だけでなく、どのように使うものか、何でできているか、どのように数えるかといったこととあわせて覚えるようにしましょう。こういうと、かなり難しく感じてしまいますが、常識分野の知識の大半は、お子さま自身の実際の体験を通して身に付けられるものです。例えば、身の周りにはない植物、見かけたことがない動物などは、教材や図鑑などで知っておくとよいでしょう。あくまでも基本は、日常の生活を通して、お子さまがさまざまなことを体験し、知識を身に付けることです。

【おすすめ問題集】

Ｊｒ・ウォッチャー11「いろいろな仲間」、27「理科」、34「季節」、
55「理科②」

問題10　分野：制作

〈準 備〉　ハサミ、紙皿、紙コップ、紙袋、のり、クレヨン
（あらかじめ、問題10の絵を枠線に沿って切っておく）

〈問 題〉　（切り離した問題10の絵と準備した道具を渡す）
この台紙にある形を線に沿って３つ以上切り取って、渡した材料と道具を自由に組み合わせて、あなたが考えた今まで見たことのない生き物を作ってください。
（作り終わったら、以下の質問をする）
これはどんな生き物ですか。説明してください。

〈時 間〉　適宜

〈解 答〉　省略

学習のポイント

制作の問題は小学校受験では頻出ですが、材料を用意した上で自由に制作させる問題は珍しいものです。その上、「今までに見たことのない生物」を想像して、それを出題者に説明しなければいけません。まず、思い通りのものを作るために、ハサミやのりといった道具の扱いは一通り覚えておきましょう。道具を自由に扱えるようになれば、お子さまは想像力を存分に発揮できます。お子さまの想像力というものは、しばしば大人でも驚かされるものです。工作遊びをしているときは大人から口出しせず、出来上がるまで見守ってあげましょう。その後、お子さまに何を作ったのか聞いてみるとよいでしょう。語彙が少ないうちは上手く説明できないと思いますので、保護者の方から「海にいる生き物かな」「喋ったりするのかな」と、想像を言葉に出せるようヒントを出していくと、お子さまも話しやすくなります。遊び終わった後の後片付けまで見られていますので、使った道具を元に戻す習慣はしっかり身に付けておきましょう。

【おすすめ問題集】

新 口頭試問・個別テスト問題集、実践 ゆびさきトレーニング①②③
Ｊｒ・ウォッチャー22「想像画」、23「切る・貼る・塗る」

問題11　分野：記憶（お話の記憶）

〈準備〉　鉛筆

〈問題〉　これからするお話をよく聞いて、後の質問に答えてください。お話と問題は、1度しか言いません。それではお話をします。

今日は動物村の運動会です。イヌさん、ウサギさん、カメさんの3人がかけっこの選手に選ばれました。カメさんは、ほかの2人を見て不安になってしまいましたが、「一生懸命がんばろう」と心に誓いました。イヌさんとウサギさんは、カメさんのことは気にしておらず、お互いにどっちが速いかを自慢しています。いよいよスタートの時間です。「用意、スタート」の合図で、3人が走り始めました。イヌさんとウサギさんが先頭争いしています。カメさんはずっと後ろをがんばって走っています。ですが、ゴール手前で、イヌさんが転んでしまい、イヌさんにつまずいてウサギさんも転んでしまいました。ウサギさんはイヌさんに怒っています。「イヌさんにつまずいて転んじゃったじゃないか！」とウサギさんが言うと、イヌさんも「勝手につまずいたのは君だろ！」と言い返します。そうしている間に、一生懸命走っていたカメさんがゴールしてしまいました。それに気が付いたイヌさんが次にゴールし、ウサギさんはその次にゴールしました。イヌさんとウサギさんはガッカリしてしまいました。

（問題11の絵を渡す）
①ゴールした順番で正しいものはどれでしょうか。選んで○をつけてください。
②ゴールした後、イヌさんとウサギさんはどんな気持ちだったでしょうか。選んで○をつけてください。

〈時間〉　各20秒

〈解答〉　①左上（カメ→イヌ→ウサギ）　②右上（ガッカリ）

学習のポイント

当校のお話の記憶は、例年、400～500字程度のお話と2問程度の質問で構成されています。基本的にはお話の内容に沿った質問がされますが、時折、細かな内容が問われることもあるので、注意しておきましょう。お話の記憶は、その名前の通りに出てきた事柄を覚えなければいけないものや、お話の内容を理解して登場人物の気持ちを考えるもの、数量などの他分野の問題と複合したものなど、さまざまな質問のバリエーションがあります。
「お話が長い＝難しい」と考えがちですが、お話が短くても問題が難しいこともあります。過去問などで傾向を知ろうとする時に、お話の長さだけでなく、どんな質問がされているのかをしっかりと把握しておくことも、お話の記憶対策の重要なポイントです。

【おすすめ問題集】
1話5分の読み聞かせお話集①・②、お話の記憶 初級編・中級編

問題12　分野：記憶（見る記憶）

〈準備〉　鉛筆

〈問題〉　（問題12－１の絵を見せる）
この絵をよく見て覚えてください。
（15秒後、問題12－１の絵を伏せて、問題12－２の絵を渡す）
先に見た絵と同じ絵に○をつけてください。

〈時間〉　30秒

〈解答〉　左下

学習のポイント

当校の見る記憶は、１枚の絵を見て、同じ絵を探す問題がよく出題されています。こうした単純に見て覚える記憶の場合、保護者の方よりもお子さまの方がよくできたりすることもあるので、なかなか指導しにくかったりもします。ですが、お子さまが苦手としているようであれば、上手く覚えるきっかけを与えてあげるようにしてください。一般的な覚え方であれば、全体を眺めるように見てから細部を見ていく方法や、部分ごとに区切って見ていく方法などがあります。こうした方法をアドバイスして、効率的に記憶できる方法を探ってみてください。「こうすれば記憶できる」という絶対的なやり方はないので、お子さまが取り組みやすい方法をいっしょに見つけてあげるようにしましょう。

【おすすめ問題集】
Ｊｒ・ウォッチャー20「見る記憶・聴く記憶」

問題13　分野：数量（選んで数える、ひき算）

〈準備〉　鉛筆

〈問題〉　①上の四角の中で１番多いくだものはどれでしょうか。左下の四角の中から選んで○をつけてください。
②上の四角の中で１番多いくだものと１番少ないくだものの数はいくつ違うでしょうか。その数だけ右下の四角の中のおはじきに○をつけてください。

〈時間〉　各30秒

〈解答〉　①ミカン　②○：４

学習のポイント

本問のような数量の問題は、数えることができれば基本的には正解できます。時間に余裕があればという条件は付きますが……。ということは、短い時間で数を把握できることが、小学校受験の数量では求められているのです。とは言っても、数えるスピードを上げるということではありません。10個程度のものを、一見していくつあるかがわかることが最終的な目標になります。こうしたことができるようになるためには、具体物（おはじきなど）を使って、実際にそれがいくつあるのかをひと目でわかるようにする練習が必要になります。算数につながる学習なので、ペーパーに偏ってしまいがちですが、生活の中でも学ぶことはできます。アメをいくつかテーブルに置いて、数を当てさせることも立派な学習です。こうした、具体物を使った学習とペーパー学習の両立が、深い理解へとつながっていくのです。

【おすすめ問題集】
　Ｊｒ・ウォッチャー37「選んで数える」、38「たし算・ひき算１」、
　「たし算・ひき算２」

問題14　分野：数量（一対多の対応）

〈準 備〉　鉛筆

〈問 題〉　お皿に載った組み合わせで、３人のお友だちにくだものを配ります。
①バナナは何本必要でしょうか。その数だけ左下の四角の中のおはじきに○をつけてください。
②イチゴは何個必要でしょうか。その数だけ右下の四角の中のおはじきに○をつけてください。

〈時 間〉　各20秒

〈解 答〉　①○：6　②○：9

学習のポイント

一対多の対応は、どうやって答えにたどり着いたのかが重要になります。例えば、バナナで考えてみると、６つまとめて○をつけるお子さまと、２つずつ３回に分けて○をつけるお子さまに分かれると思います。どちらの方法も間違いではありません。前者は全体の数を頭の中で考えて答えを出す方法、後者は１人あたりいくつかを考えながら答えを出す方法です。もしかしたら、前者の方法で答えを出したお子さまは、九九ができるのかもしれません。ただ、今後かけ算につながっていく一対多の対応をしっかりと理解するためには、後者の考え方の方が応用がききます。「２×３」をただ暗記するのではなく、１人あたり２本のバナナが３人分だからバナナは６本必要という、問題の根本的なところを理解をした上で学習を重ねていくことが大切なのです。

【おすすめ問題集】
　Ｊｒ・ウォッチャー42「一対多の対応」

問題15　分野：図形（四方からの観察）

〈準　備〉　鉛筆

〈問　題〉　左の積み木を矢印の方向から見た時の正しい形はどれでしょうか。選んで○をつけてください。

〈時　間〉　各20秒

〈解　答〉　①左から２番目　②左端　③右から２番目

学習のポイント

自分以外の見方や考え方をすることは、小学校受験年齢のお子さまには意外と難しいことです。そうした意味で、四方からの観察は保護者の方が考えている以上に、お子さまにとって難問だということを理解しておきましょう。視点を変えるということは、頭の中で積み木を動かさなければいけません。それは経験がなければできないことです。そうした経験は、実際の積み木を見る（動かす）ことでしか得られません。具体物を使った学習を重ねることで、自分以外の視点から見た形を想像できるようになるのです。頭の中で考える（想像する）ということは、経験していないとできないということを保護者の方は知っておいてください。

【おすすめ問題集】
Ｊｒ・ウォッチャー10「四方からの観察」、53「四方からの観察　積み木編」

問題16　分野：図形（同図形探し）

〈準　備〉　鉛筆

〈問　題〉　上の四角の中にはいくつかの道具が隠れています。下の四角の中から隠れていない道具を探して○をつけてください。

〈時　間〉　30秒

〈解　答〉　右から２番目（やかん）

学習のポイント

黒く塗りつぶされている絵の特徴的な形（部分）を見つけることが最大のポイントです。選択肢は絵になっていますが、その「形」だけを意識して同じ絵を探すようにしてください。見えている形がどこの部分なのか、どう重なっているのかといったところまで意識できれば、正解にぐっと近づくことができるでしょう。ただ、図形の問題を解く時、そのものの形を意識することに慣れれば、感覚的に答えることのできる問題とも言えます。道具ということを意識せずに、同じ「図形」を探すと考えた方が、取り組みやすいお子さまもいるかもしれません。保護者の方は、お子さまがやりやすい方法を見つけられるようにサポートしてあげてください。また、○をつけるのは、「隠れていない道具」です。問題をしっかり聞いて解答するようにしましょう。

【おすすめ問題集】
Ｊｒ・ウォッチャー３「パズル」、４「同図形探し」

問題17　分野：常識（理科・いろいろな仲間）

〈準 備〉　鉛筆

〈問 題〉　ここに描かれている絵の中で、卵から産まれるものに○をつけてください。

〈時 間〉　1分

〈解 答〉　下図参照

学習のポイント

理科常識の問題は、知らなければ正解することができません。また、その知識も生活の中で自然に身に付けることができるものではありません。積極的に知ろうとしなければ得られない知識と言えるでしょう。ただ、機械的に暗記したところでなかなか覚えることはできないものです。お子さまが興味を持ちそうなところから知識を広げていくことを、保護者の方は心がけるようにしてください。また、仲間探しの問題では、ほかの切り口で仲間分けができないかをお子さまに考えさせるようにしてください。そういったところからも少しずつ知識の幅を広げていきましょう。今の時代、動画や写真などの情報を得る手段は数多くあります。積極的に活用して、お子さまの好奇心を刺激してあげましょう。

【おすすめ問題集】

Ｊｒ・ウォッチャー11「いろいろな仲間」、27「理科」、55「理科②」

問題18　分野：常識（マナーとルール）

〈準 備〉　鉛筆

〈問 題〉　この中で正しく食事ができているのはどれでしょうか。選んで○をつけてください。

〈時 間〉　30秒

〈解 答〉　右下

学習のポイント

当校に限らず、小学校入試でマナーやルールを問う常識問題が多く出題されるようになってきています。それは、そういったことができていないという学校からのメッセージととらえることができます。つまり、「躾」ができていないと学校が感じているということです。こうした問題を通して観ているのは、お子さまではなく保護者の方です。ノンペーパー形式の課題が重視されるようになってきているのも同じことでしょう。学力だけでなく、お子さまを含めた家庭全体が評価の対象になっていると言っても過言ではありません。「常識」を知識として考えるのではなく、生活の中で自然に身に付けるべきものと考えて、日頃のくらしの中でお子さまに指導していくようにしましょう。

【おすすめ問題集】

Ｊｒ・ウォッチャー12「日常生活」、30「生活習慣」、56「マナーとルール」

問題19　分野：言語（しりとり）

〈準備〉　鉛筆

〈問題〉　左上の太い四角から始めて、右下の太い四角まで「しりとり」で線をつなげてください。

〈時間〉　１分

〈解答〉　下図参照

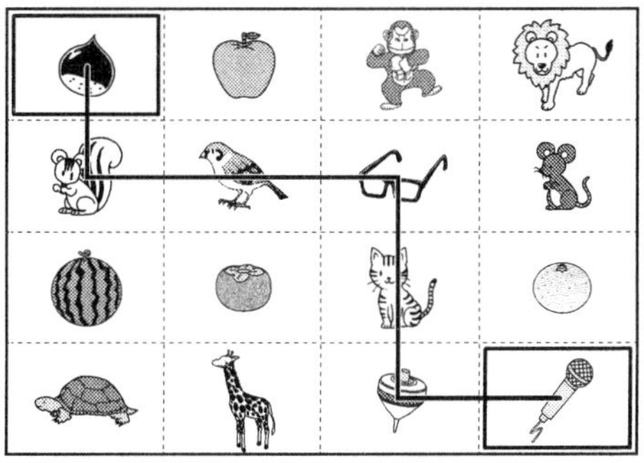

学習のポイント

言語の問題は毎年出題されているものではありませんが、言葉は学習の基礎となる部分でもあるので、しっかりと学んでおきましょう。あらたまって机で学習することはありません。しりとりをするのには何の準備も必要ありませんし、いつでもどこでもできるものです。親子の会話も学習と言えます。最近は、擬態語や動作を表す言葉などの出題も多く、より生活に近い言葉が入試に登場するようになってきています。知識として覚えた言葉ではなく、生活の中で覚えた言葉が、今後ますます重要になってくると言えるのではないでしょうか。試験に出るかどうかも大切ですが、小学校入学後のことも考えて、言葉の大切さをお子さまに伝えるようにしてください。

【おすすめ問題集】

Ｊｒ・ウォッチャー17「言葉の音遊び」、18「いろいろな言葉」、
49「しりとり」、60「言葉の音（おん）」

問題20　分野：巧緻性

〈準 備〉　クレヨン、折り紙、ひも（70cm程度）、セロテープ

〈問 題〉　この問題は絵を参考にしてください。
これから「金メダル」を作ります。今から見本を見せるので、その通りに作ってください。

①折り紙をお手本のように折ってください。
②折り紙にお母さん（お父さん）の好きなものを描いてください。
③裏側にセロテープでひもを留めてください。

お家に帰ったら、お母さん（お父さん）に金メダルをかけてあげてください。

〈時 間〉　適宜

〈解 答〉　省略

学習のポイント

テーマに沿って簡単な制作をするというのが当校の最近の傾向です。小学校入試全般の傾向でもありますが、制作の課題はシンプルな方向へと進んでいます。そもそも、制作物の出来というよりは、道具の使い方や片付け、指示を守れているかといったところが観点になっているので、それらを観ることができればよいという流れになってきていると感じます。「不器用だから」「絵が下手だから」といって悩んでいる保護者の方がいますが、何を観られているのかをしっかりと理解しておけば、悩みの種も少しは小さくなるのではないでしょうか。ノンペーパーテストで観られているのは、結果ではなく過程だということを覚えておきましょう。

【おすすめ問題集】
実践 ゆびさきトレーニング①・②・③

家庭学習のコツ①　「先輩ママのアドバイス」を読みましょう！

本書冒頭の「先輩ママのアドバイス」には、実際に試験を経験された方の貴重なお話が掲載されています。対策学習への取り組み方だけでなく、試験場の雰囲気や会場での過ごし方、お子さまの健康管理、家庭学習の方法など、さまざまなことがらについてのアドバイスもあります。先輩ママの体験談、アドバイスに学び、ステップアップを図りましょう！

問題21　分野：記憶（お話の記憶）

〈準 備〉　鉛筆

〈問 題〉　これからするお話をよく聞いて、後の質問に答えてください。お話と問題は、1度しか言いません。それではお話をします。

あきらくんとさおりちゃんとたけしくんが、公園に遊びに行きました。3人は、はじめに鉄棒で遊びました。次にボールを蹴って遊びました。ボール蹴りにあきたので、今度はブランコに乗ろうと思いましたが、ほかの人が使っていたのでやめて、すべり台で遊ぶことにしました。すべり台で遊んでいると、たけしくんのおじいちゃんが3人を迎えに来ました。そこで、今度は4人でさおりさんのおばあちゃんの家に行くことにしました。

（問題11の絵を渡す）
①上の段の4つの絵を見てください。3人が公園で遊ばなかったものはどれですか。遊ばなかったものに○をつけてください。
②下の段の4つの絵を見てください。3人を迎えに来たのは誰ですか。迎えに来た人に×をつけてください。

〈時 間〉　各20秒

〈解 答〉　①○：右端（ブランコ）　②×：左端（おじいちゃん）

学習のポイント

当校で例年出題されているお話の記憶の問題は、お話が比較的短く、設問数が少ないことが特徴です。こうした問題は楽に答えられるのですが、ほかの志願者も当然正解しますから、ケアレスミスをしてはいけない問題ということにもなります。解答の精度を高めるためには、「誰が」「何を」「～した」というお話のポイントとなる描写を的確に記憶し、自分なりに整理してから質問に答えるというのが基本です。その時、文字ではなく、情景をイメージできるようになれば、さらにお話の流れが把握しやすくなるでしょう。なお、当校入試の解答時間は標準的なものですが、答えの見直しができる余裕は持てるようにしてください。入試全体も分野ごとの基礎的な内容が中心ですから、当校のペーパーテストではすべての分野で「答えの精度」まで考えた対策が必要だということになります。

【おすすめ問題集】
1話5分の読み聞かせお話集①・②、お話の記憶 初級編・中級編

家庭学習のコツ②　「家庭学習ガイド」はママの味方！

問題演習を始める前に、試験の概要をまとめた「家庭学習ガイド（本書カラーページに掲載）」を読みましょう。「家庭学習ガイド」には、応募者数や試験課目の詳細のほか、学習を進める上で重要な情報が掲載されています。それらの情報で入試の傾向をつかみ、学習の方針を立ててから、対策学習を始めてください。

問題22　分野：記憶（見る記憶）

〈準備〉　鉛筆

〈問題〉　（問題22-1の絵を見せる）
この絵をよく見て覚えてください。
（15秒後、問題22-1の絵を伏せて、問題22-2の絵を渡す）
先に見た絵と同じ絵に○をつけてください。

〈時間〉　30秒

〈解答〉　右下

学習のポイント

それほど複雑なイラストではありませんから、船、女の子、カモメ…といった形で項目にして記憶しましょう。考えながら絵を見れば、案外印象に残るものです。こういった問題では記憶力、集中力だけではなく、違いを見つけ出すための観察力が必要とよく言われますが、「注意して見ましょう」と言うだけでは、観察力は身に付くものではありません。「全体を俯瞰してから、細部に注目する」「全体を覚えようとするのではなく、印象に残った部分を記憶する」といった形で工夫する必要があります。また、観察力を身に付けるには、絵を描く、特にスケッチをするとよい、というのも同じような意味です。よく観察し、特徴をとらえないと絵にはできませんし、全体を把握してないと絵のバランスがおかしくなります。いずれにせよ、自分なりに順序立てて観察すれば、「絵を記憶する」ということはそれほど難しい作業ではない、という意識でこういった問題に取り組んでください。

【おすすめ問題集】
Ｊｒ・ウォッチャー20「見る記憶・聴く記憶」

問題23　分野：言語（言葉の音）

〈準備〉　鉛筆

〈問題〉　問題の絵を見てください。それぞれの段の左側の絵と、同じ音で始まって、音の数が同じものを、それぞれ右の四角の中から選んで○をつけましょう。

〈時間〉　各30秒

〈解答〉　①左から２番目（イルカ）　②右端（キリン）　③右から２番目（タケノコ）

学習のポイント

単純に言葉を１つずつ見ていけば正解にたどり着くので、難しい問題ではありません。しかし、問題の絵が何を表しているのかわからないと、さすがに正解できませんから、生活の中で語彙を豊かにしていきましょう。お子さまが知らないものを見たら「あれは何？」と気軽に聞けるような関係であれば、その機会も多くなります。この問題のような小学校入試の言語分野の問題には、しりとりや頭音つなぎなど、さまざまなパターンの出題がありますが、そういった出題は言葉を「音の集合」ととらえることを前提としたものです。言葉を音としてとらえる、と言うと難しく聞こえますが、文字を覚える前の段階であればそれ以外の学習方法はないので、お子さまが自然に行っていることでもあります。この段階を飛ばしていきなり文字、特に日本語を覚えさせようとするとお子さまが混乱してしてしまいます。先走って学習しないようにしてください。

【おすすめ問題集】

Ｊｒ・ウォッチャー17「言葉の音遊び」、18「いろいろな言葉」、
60「言葉の音（おん）」

問題24　分野：常識（理科・日常生活）

〈準備〉　鉛筆

〈問題〉　**この問題の絵は縦に使用してください。**
①上の絵を見てください。上に並んだ絵と関係のあるものを下から見つけて、点と点を線でつないでください。
②下の絵を見てください。上に並んだ絵と関係のあるものを下から見つけて、点と点を線でつないでください。

〈時間〉　１分

〈解答〉　下図参照

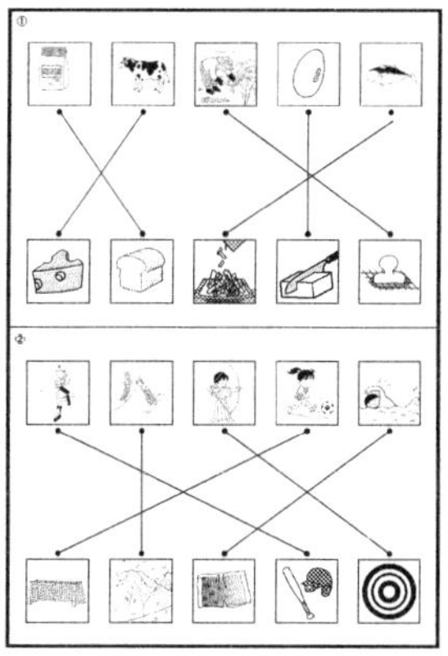

学習のポイント

常識分野の問題は、さまざまなものに対して、名前だけでなく、「時間（食べものの旬やや開花時期など）」、「仲間（同じ用途や性質のものなど）」といった「くくり」で区別させるものだと考えてください。本問は、食べものと食べものの原材料、スポーツとスポーツに関係あるものを結ぶ問題です。ここでは出題者が年齢なりに知っていて当然、と考える知識を常識として出題していますから、推測して正解できるような出題方法はとっていません。当校では季節の行事や、季節を代表する草花・食べものについての出題が多いようですが、そこでも同じように推測・推理が役立つような出題ではありません。対策としては、語彙を豊かにするのと同じように生活の中で体験すること、メディアを使って疑似体験することになるでしょう。

【おすすめ問題集】

Ｊｒ・ウォッチャー27「理科」、55「理科②」

問題25　分野：図形（同図形探し・鏡図形）

〈準 備〉　鉛筆

〈問 題〉　左の四角にある形と同じものを右の四角から探して○をつけてください。また、鏡に映した時に見えるものに×をつけてください。

〈時 間〉　各30秒

〈解 答〉　①○：右から２番目　×：左端　②○：右端　×：右から２番目
③○：左から２番目　×：右端

学習のポイント

当校では、回転図形や同図形探し、対称図形、重ね図形など幅広い内容の図形問題が過去に出題されてきました。基本問題中心と言っても解答時間の短さの割には難しい問題が出ますので、繰り返し練習をして、「速く、正確に解く」力を養ってください。本問では、「同図形探し」と「鏡図形」を取り上げました。それぞれの絵を一見しただけでは違いはわからないので、「同図形探し」の問題は、それぞれの段で図形そのものではなく「特徴のある部分」を比較するようにしましょう。時間が節約できます。「鏡図形」の問題は、まず、映されたものが左右反転して映るという鏡の特性を理解することです。理解せずに練習してもハウツーを覚える練習にしかなりません。

【おすすめ問題集】

Ｊｒ・ウォッチャー４「同図形探し」、48「鏡図形」

問題26　分野：図形（展開）

〈準備〉　鉛筆

〈問題〉　折った紙の点線のところをハサミで切って広げた時、どんな形になると思いますか。それぞれ正しいと思うものに○をつけてください。

〈時間〉　各1分

〈解答〉　①右から2番目　②左から2番目　③右端

学習のポイント

展開の問題の難しさは、紙を開く前の形から、開いた後にどのようなるかイメージしなければならないことにあります。わかりにくいようでしたら、まず、2つ折りの形で考えてみましょう。そこでは「①折り紙をハサミで切った後に切り取った形ができる。②その形が折り目で反転して左右（上下）に2つできる」という原則を理解してください。その次に、「4つ折りは2つ折りを2度行うと考えればよい」、ということになりますが、その一言で理解できるようなら苦労はありません。お子さまに理解させるというのも無理がありますから、慣れるまではやはり、実物を切って紙を広げて見せるのが、1番よい方法になるでしょう。とは言え、どこかで「頭の中で図形を操作できる」ようにならないとこういった問題は実物がないと解けない、ということになってしまいます。保護者の方は、お子さまの理解度を測りながら、その状況に合ったアドバイスをするようにしてください。

【おすすめ問題集】
Ｊｒ・ウォッチャー5「回転・展開」

問題27　分野：数量（積み木）

〈準備〉　鉛筆

〈問題〉　上の積み木と下の積み木の数が同じものを線で結びましょう。

〈時間〉　1分

〈解答〉　下図参照

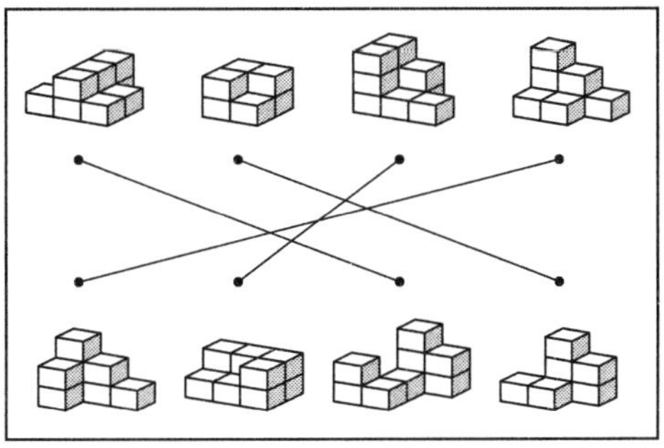

学習のポイント

立体図形（積み木）に関する問題は、当校では頻出の分野ですが、積み木の問題、特に積み木の数に関する問題は「絵に描かれていない積み木も数える」という1点に注意すれば、ほとんどの場合、スムーズに答えられるはずです。これも言葉ではお子さまには理解しにくいことなので、慣れるまでは実際に積み木を使って確認しながら進めてください。積み木の組み方は小学校受験では、積み木の数は10個、高さは3段ぐらいまでです。本問や類題を参考にしてさまざまな組み方のパターンをお子さまに実践させてみましょう。お子さまも言葉で説明されるより、納得しやすくなるのではないでしょうか。絵に描いてある立体をイメージすることは、平面図形をイメージ上で動かすことよりも、実は1段階上の作業です。「子どもには理解しにくいことだ」という認識を持って、保護者の方は指導するようにしてください。

【おすすめ問題集】

Ｊｒ・ウォッチャー14「数える」、16「積み木」、
53「四方からの観察　積み木編」

問題28　分野：数量（ひき算）

〈準備〉　鉛筆

〈問題〉　①上の段を見てください。アメを動物に１つずつ配ります。足りないアメの数だけ右側の四角の中に○を書いてください。
②下の段を見てください。アメを動物に２つずつ配ります。足りないアメの数だけ右側の四角の中に○を書いてください。

〈時間〉　各30秒

〈解答〉　①○：１　②○：４

学習のポイント

当校では「数の増減」「分配」「数の多少（比較）」といった問題が数量分野では多いようです。基本的な出題が多いので特別な対策の必要はありませんが、学習を行うのなら、解き方のテクニックやハウツーを覚えるのではなく、数に対する感覚を身に付けるようにしましょう。例えばこの問題では、「セットになるものを○で囲み、数える」というハウツーがありますが、それだけを教えてもお子さまのためにはならない、ということです。答えがわかるのならばそれでよいと考える保護者の方もいるかもしませんが、扱う数が大きくなったり、複雑になると対応できないでしょう。繰り返しになりますが、この問題の観点は「幼児教室でどれだけテクニックを学んだか」ではなく、年齢なりの数に対する感覚の有無と思考力なのです。

【おすすめ問題集】

Ｊｒ・ウォッチャー14「数える」、38「たし算・ひき算1」、
39「たし算・ひき算2」

問題29　分野：数量（たし算・同数発見）

〈準 備〉　鉛筆

〈問 題〉　左側の２つのものを合わせた数と、右側の○の数が同じものを探して、○をつけてください。

〈時 間〉　各20秒

〈解 答〉　①右から２番目　②左から２番目　③右端

学習のポイント

加算の問題です。最初に答える段階では、左側の絵に○をつけて数えても構いません。正確に答えることを目標にしてください。試験が近づいてきたら、印をつけたり、指折り数えるのはできるだけやめ、10ぐらいまでの数のものならばひと目で数がわかる程度にはなっておきましょう。問題の観点は、数に対する感覚が年齢相応に備わっているかどうかです。問題も指折り数えては解答時間内に答えられないものになっています。数字を使えば簡単に理解でき、処理も速くなるのではないか、と思われるかもしませんが、配置されたものにいちいち数字を振ることになるので、たいていの場合は余計に時間がかかります。また、「数に対する感覚を養う」という意味でもよい効果をもたらしません。頭の中でイメージすべきものをいったん数字に置き換えるくせが付くからです。

【おすすめ問題集】

Ｊｒ・ウォッチャー14「数える」、36「同数発見」、38「たし算・ひき算１」、39「たし算・ひき算２」

家庭学習のコツ③　効果的な学習方法～問題集を通読する

過去問題集を始めるにあたり、いきなり問題に取り組んではいませんか？　それでは本書を有効活用しているとは言えません。まず、保護者の方が、すべてを一通り読み、当校の傾向、ポイント、問題のアドバイスを頭に入れてください。そうすることにより、保護者の方の指導力がアップします。また、日常生活のさまざまなことから、保護者の方自身が「作問」することができるようになっていきます。

問題30　分野：巧緻性

〈準備〉　（あらかじめ問題30-1の絵を点線に沿って切り取り、Ｂ４の画用紙の適当な位置に貼り付けておく）
のり、ハサミ、手ふきタオル、クレヨン、Ｂ４の画用紙

〈問題〉　（あらかじめ絵を貼って作った画用紙と問題30-2の絵を渡す）
木と池と鳥と魚を好きな色で塗ってください。塗り終わったら、ハサミで鳥と魚を点線に沿って切り取り、画用紙の好きな位置にのりで貼り付けてください。できたら、画用紙に好きな絵を描いてください。

〈時間〉　適宜

〈解答〉　省略

学習のポイント

試験の場では、映像（ＤＶＤ）による説明を見てから作業に取り組みます。ＤＶＤだからどうだ、ということはありませんが、慣れてないようなら１度試しておいてください。このような課題では、①何を作るために、②どんな作業をするのか、③その時気を付けることは……、といった順で指示を把握するようにします。途中の工程が多くなると把握しにくくなるので、折る・塗る・ひも結びなどの基本的な工程をパターンごとに身に付けた上で、３～４工程の作業を１度で把握する練習をするとよいでしょう。当校の入試課題は、グループで行うことが少なくなりましたが、数年前まで模造紙に協力して何かを描くというのが定番の制作課題でした。

【おすすめ問題集】
実践 ゆびさきトレーニング①・②・③

家庭学習のコツ④　効果的な学習方法～お子さまの今の実力を知る

１年分の問題を解き終えた後、「家庭学習ガイド」に掲載されているレーダーチャートを参考に、目標への到達度をはかってみましょう。また、あわせてお子さまの得意・不得意の見きわめも行ってください。苦手な分野の対策にあたっては、お子さまに無理をさせず、理解度に合わせて学習するとよいでしょう。

東京学芸大学附属小金井小学校　専用注文書

年　月　日

合格のための問題集ベスト・セレクション

＊入試頻出分野ベスト３

1st　常識
知識　聞く力　観察力

2nd　図形
観察力　思考力

3rd　記憶
集中力　聞く力　観察力

当校の問題は、記憶、言語、常識、数量、図形の分野からバランスよく出題されることが特徴です。シンプルな問題が多いので、基本的な問題を幅広く学習した上で、正確に答える力をつけてください。

分野	書　名	価格(税込)	注文	分野	書　名	価格(税込)	注文
図形	Ｊｒ・ウォッチャー4「同図形探し」	1,650円	冊	数量	Ｊｒ・ウォッチャー37「選んで数える」	1,650円	冊
図形	Ｊｒ・ウォッチャー5「回転・展開」	1,650円	冊	数量	Ｊｒ・ウォッチャー38「たし算・ひき算1」	1,650円	冊
図形	Ｊｒ・ウォッチャー6「系列」	1,650円	冊	数量	Ｊｒ・ウォッチャー39「たし算・ひき算2」	1,650円	冊
数量	Ｊｒ・ウォッチャー14「数える」	1,650円	冊	言語	Ｊｒ・ウォッチャー49「しりとり」	1,650円	冊
数量	Ｊｒ・ウォッチャー15「比較」	1,650円	冊	図形	Ｊｒ・ウォッチャー53「四方からの観察　積み木編」	1,650円	冊
数量	Ｊｒ・ウォッチャー16「積み木」	1,650円	冊	常識	Ｊｒ・ウォッチャー55「理科②」	1,650円	冊
言語	Ｊｒ・ウォッチャー17「言葉の音遊び」	1,650円	冊	言語	Ｊｒ・ウォッチャー60「言葉の音（おん）」	1,650円	冊
言語	Ｊｒ・ウォッチャー18「いろいろな言葉」	1,650円	冊		1話5分の読み聞かせお話集①・②	1,980円	各　冊
記憶	Ｊｒ・ウォッチャー19「お話の記憶」	1,650円	冊		お話の記憶 初級編・中級編・上級編	2,200円	各　冊
記憶	Ｊｒ・ウォッチャー20「見る記憶・聴く記憶」	1,650円	冊		実践 ゆびさきトレーニング①・②・③	2,750円	各　冊
常識	Ｊｒ・ウォッチャー27「理科」	1,650円	冊		小学校受験で知っておくべき125のこと	2,860円	冊
運動	Ｊｒ・ウォッチャー28「運動」	1,650円	冊		新 小学校受験の入試面接Ｑ＆Ａ	2,860円	冊
推理	Ｊｒ・ウォッチャー31「推理思考」	1,650円	冊		新 願書・アンケート文例集500	2,860円	冊
図形	Ｊｒ・ウォッチャー35「重ね図形」	1,650円	冊		保護者の悩みＱ＆Ａ	2,860円	冊

合計	冊	円

（フリガナ） 氏　名	電　話 ＦＡＸ E-mail
住 所 〒　　　－	以前にご注文されたことはございますか。 有 ・ 無

★お近くの書店、または記載の電話・FAX・ホームページにてご注文をお受けしております。
電話：03-5261-8951　FAX：03-5261-8953　代金は書籍合計金額＋送料がかかります。
※なお、落丁・乱丁以外の理由による商品の返品・交換には応じかねます。

★ご記入頂いた個人に関する情報は、当社にて厳重に管理致します。なお、ご購入の商品発送の他に、当社発行の書籍案内、書籍に関する調査に使用させて頂く場合がございますので、予めご了承ください。

日本学習図書株式会社
http://www.nichigaku.jp

問題 1

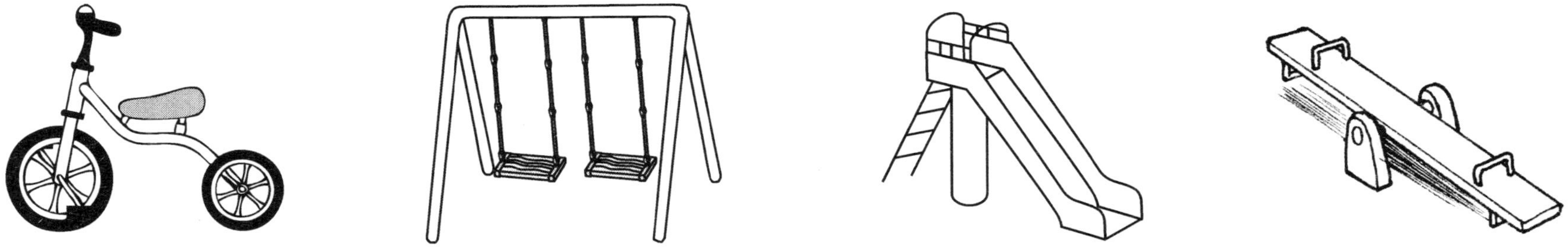

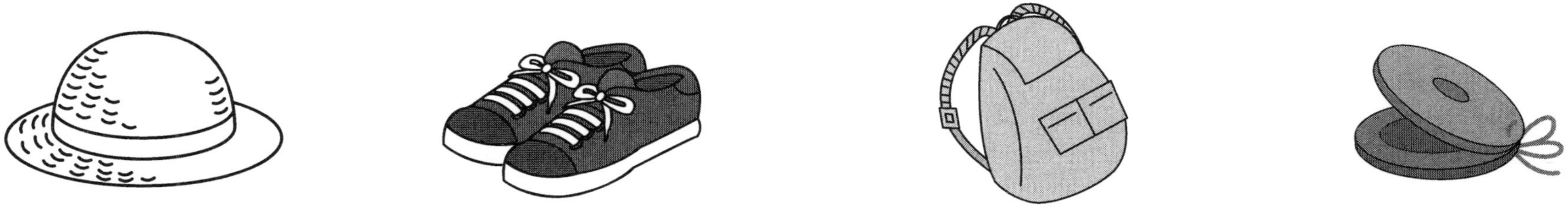

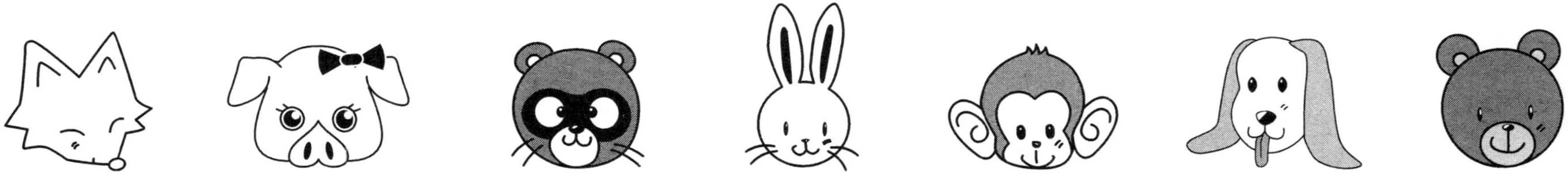

問題 2 － 1

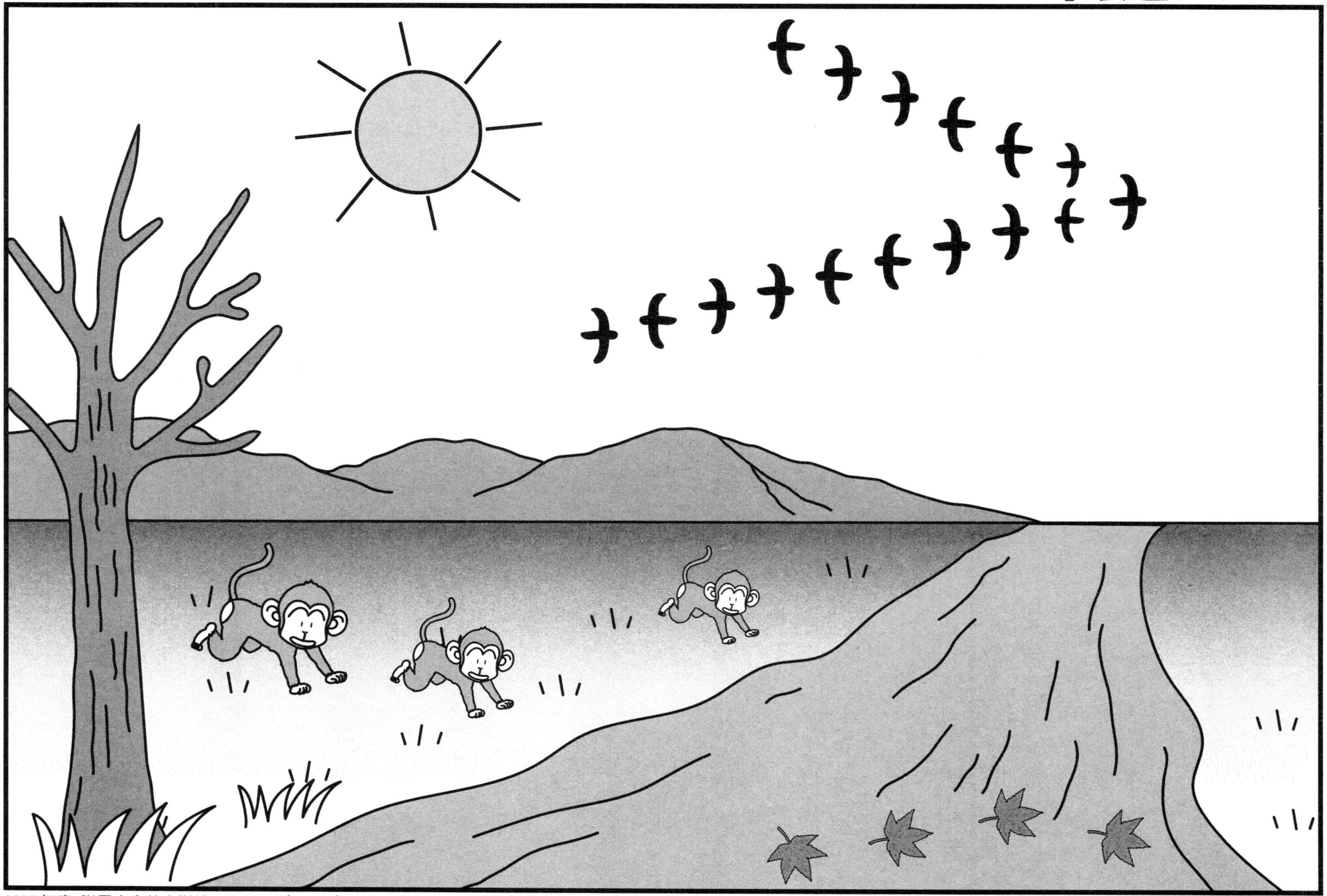

2022 年度 附属小金井小学校 ステップアップ 無断複製／転載を禁ずる

日本学習図書株式会社

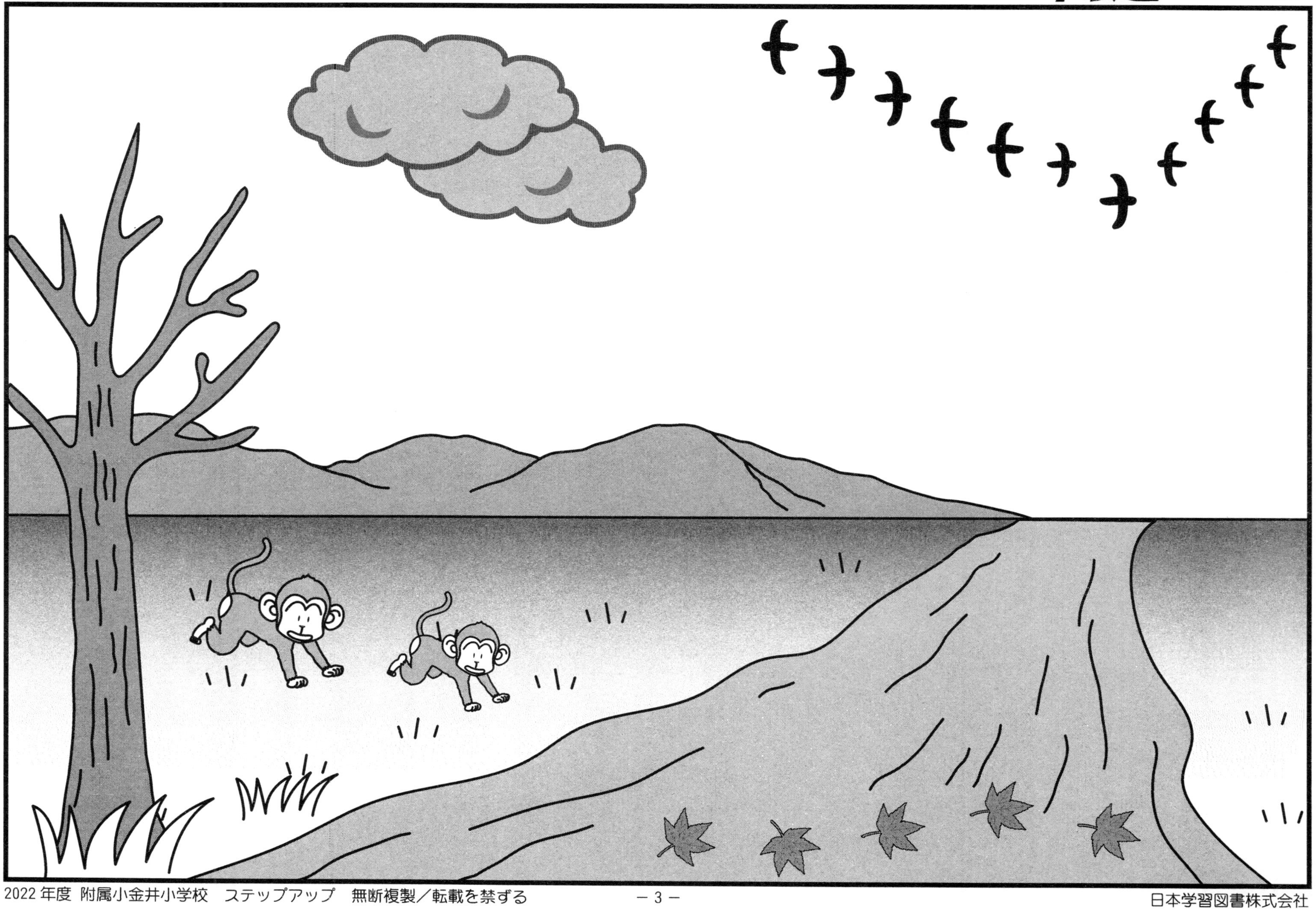

問題3

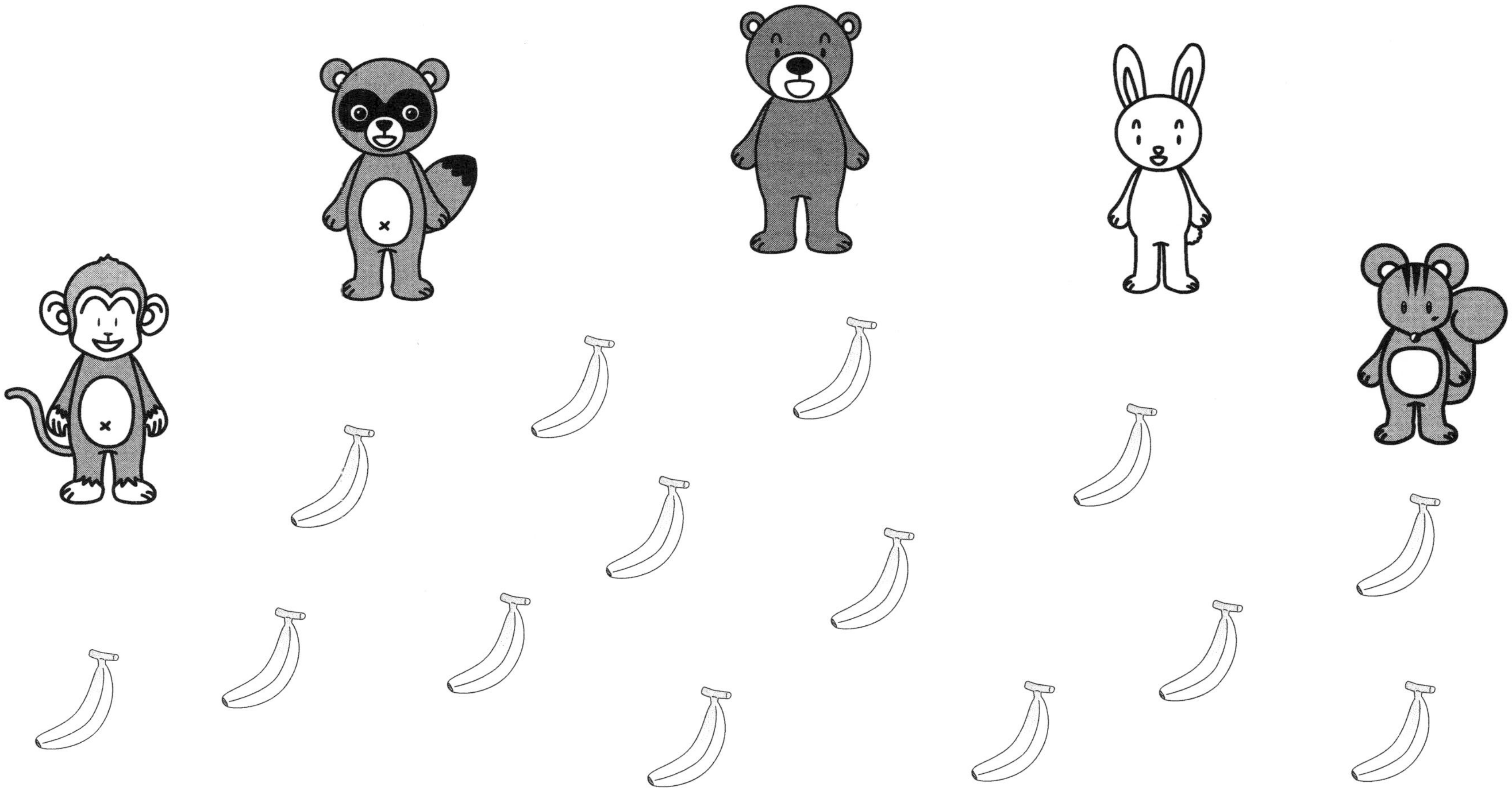

2022 年度 附属小金井小学校 ステップアップ 無断複製／転載を禁ずる

日本学習図書株式会社

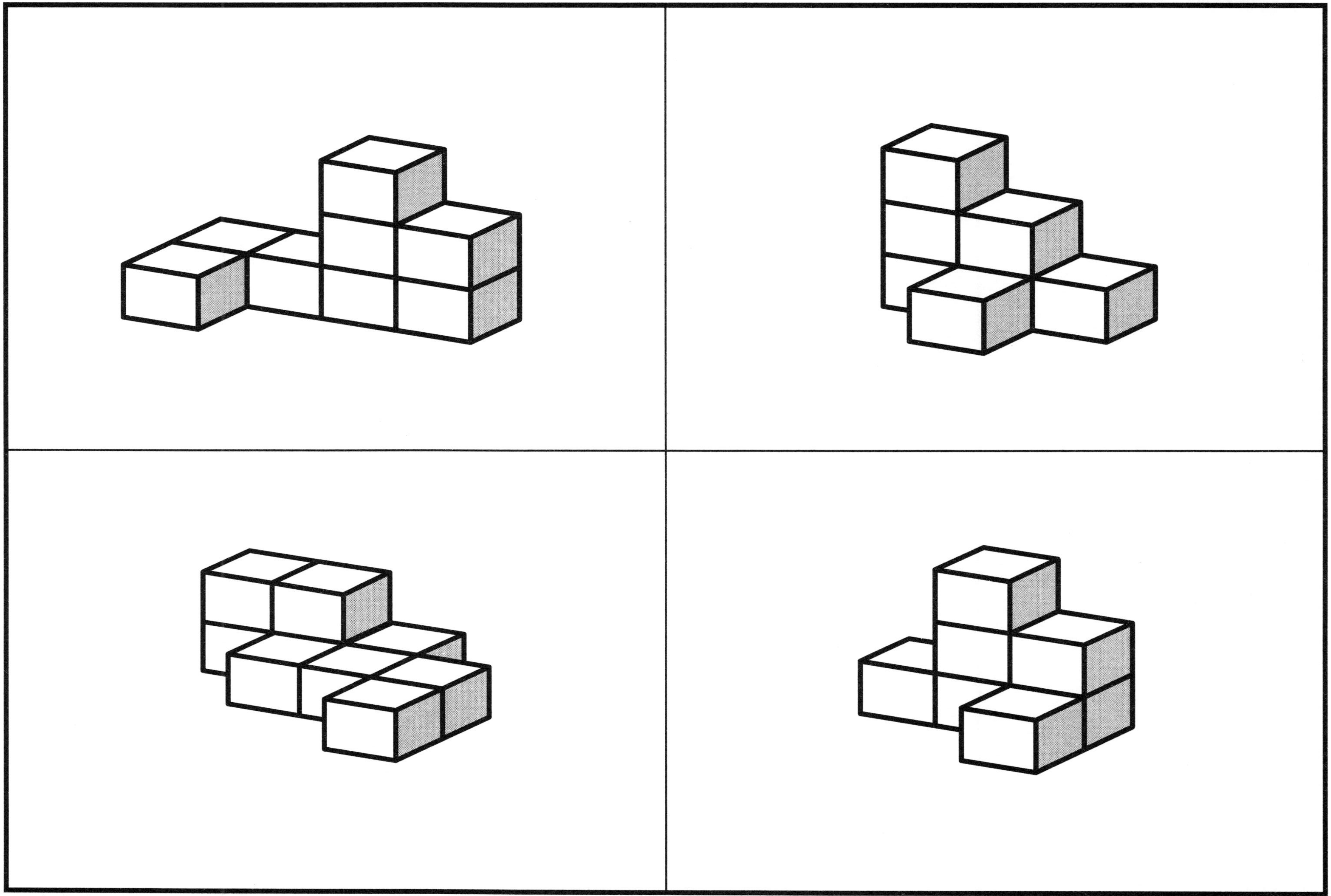

問題5－1

無断複製／転載を禁ずる

日本学習図書株式会社

2022 年度 附属小金井小学校 ステップアップ 無断複製／転載を禁ずる 日本学習図書株式会社

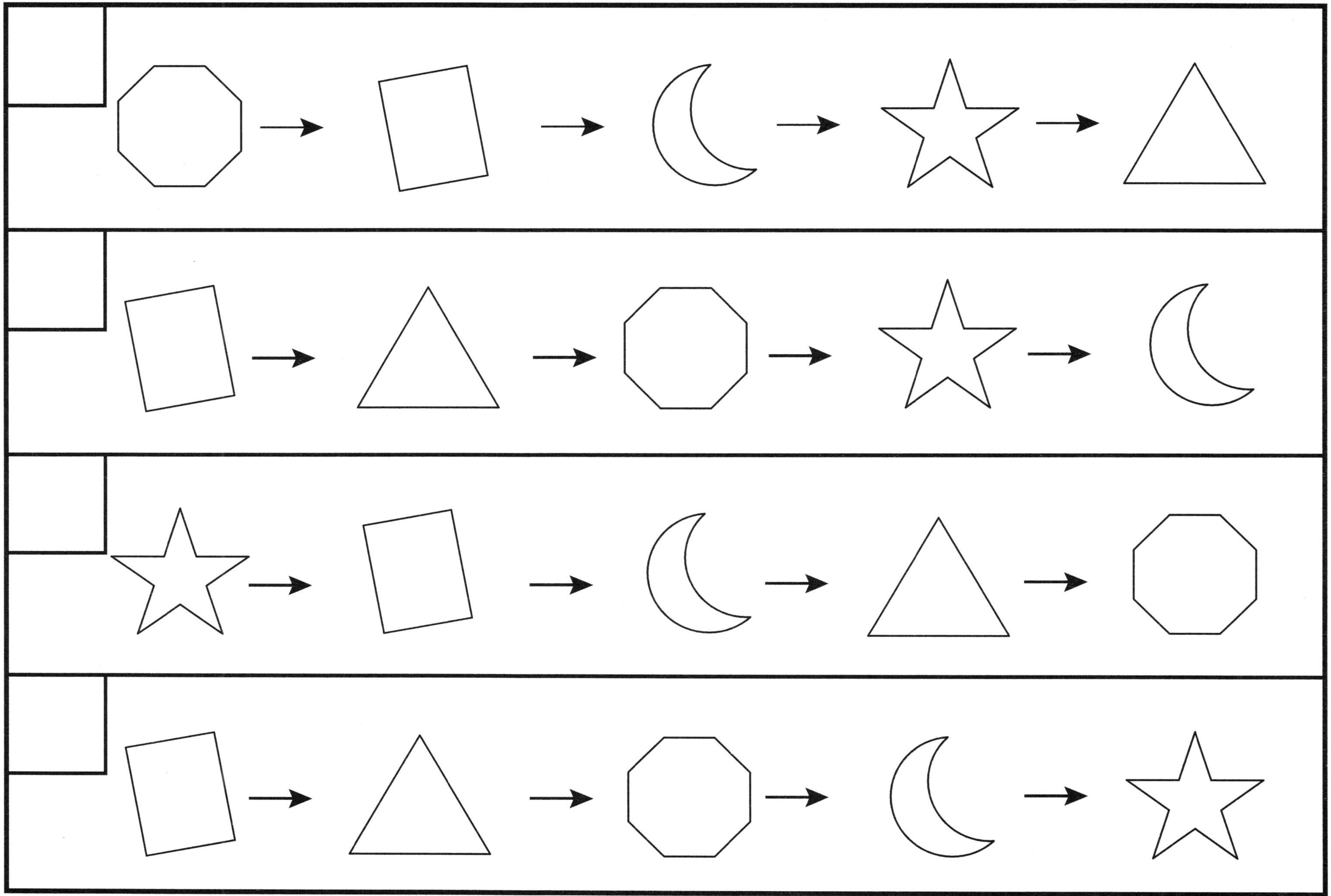

2022年度 附属小金井小学校 ステップアップ 無断複製／転載を禁ずる 日本学習図書株式会社

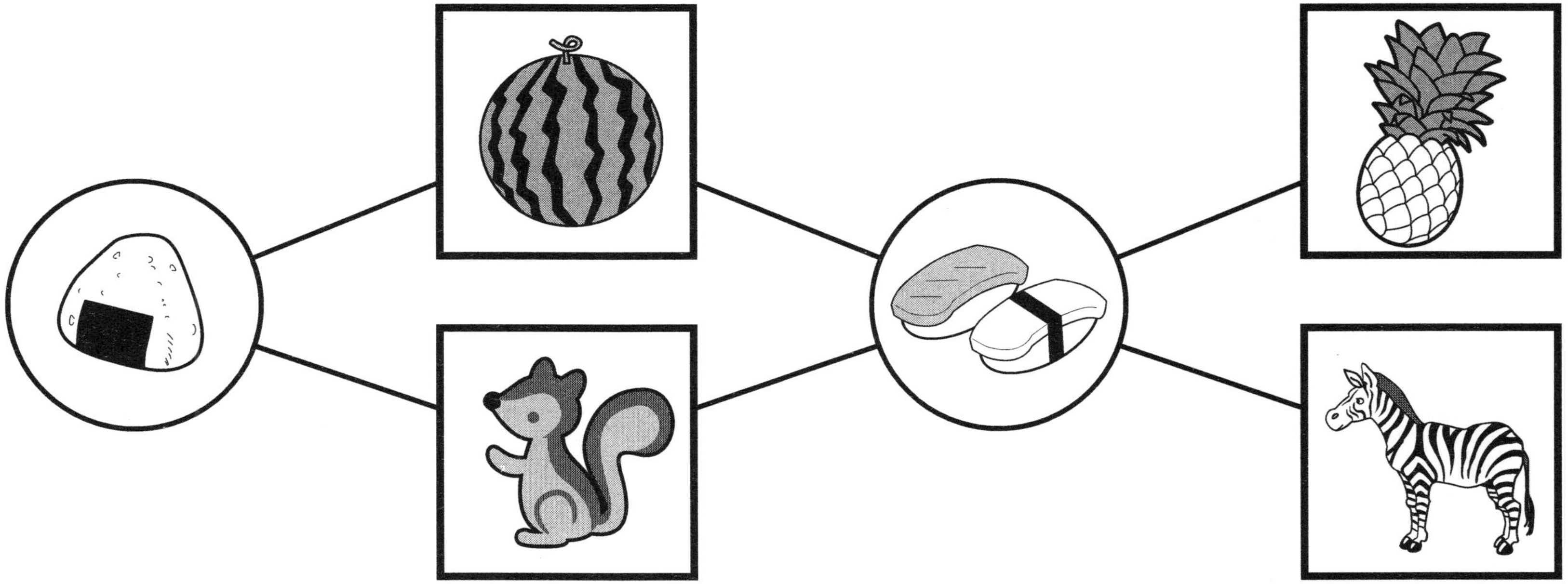

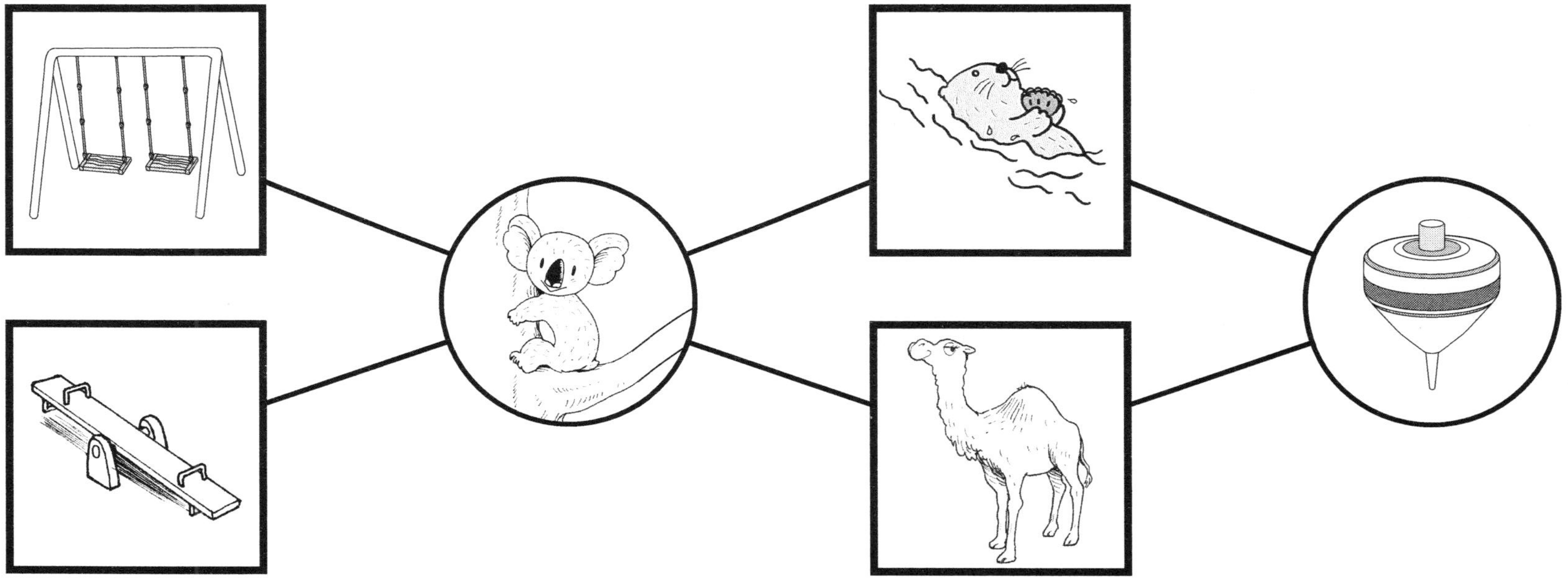

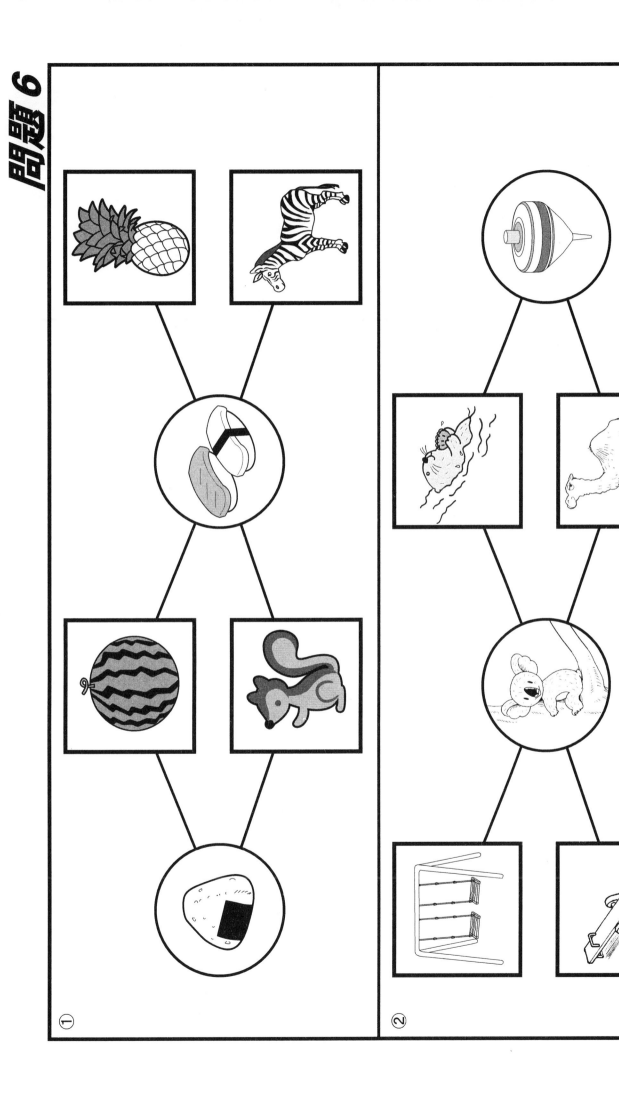

2022 年度 附属小金井小学校 ステップアップ 無断複製／転載を禁ずる 日本学習図書株式会社

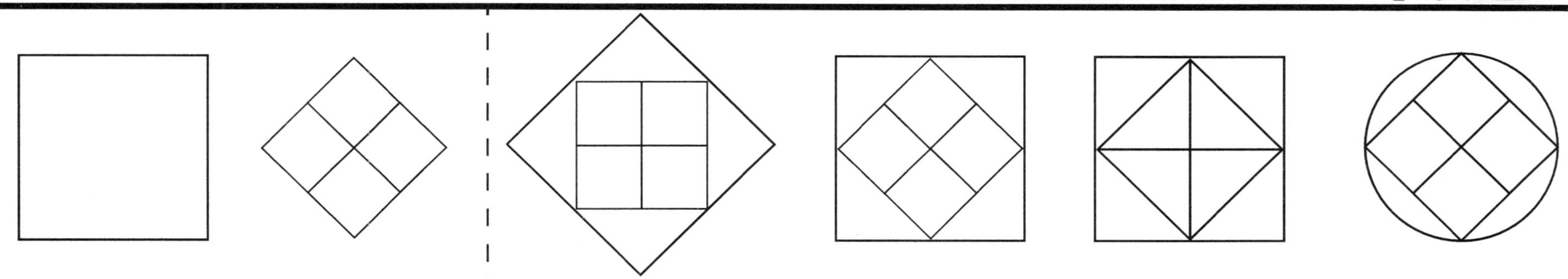

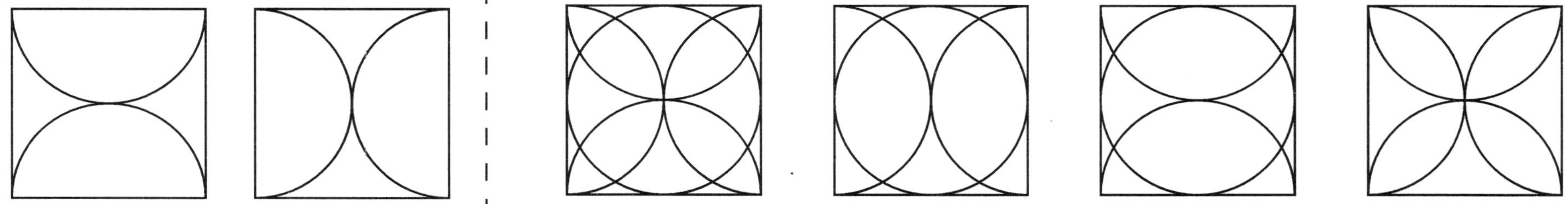

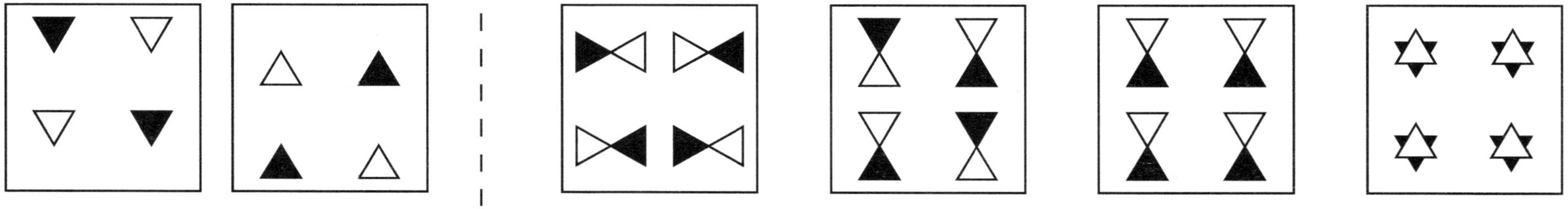

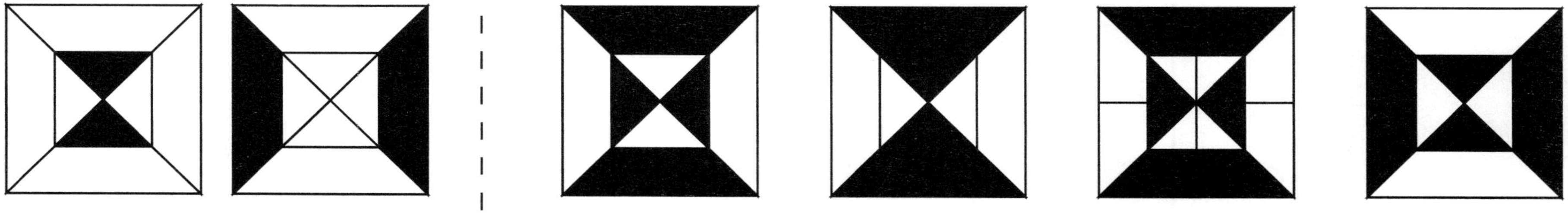

2022 年度 附属小金井小学校 ステップアップ 無断複製／転載を禁ずる 日本学習図書株式会社

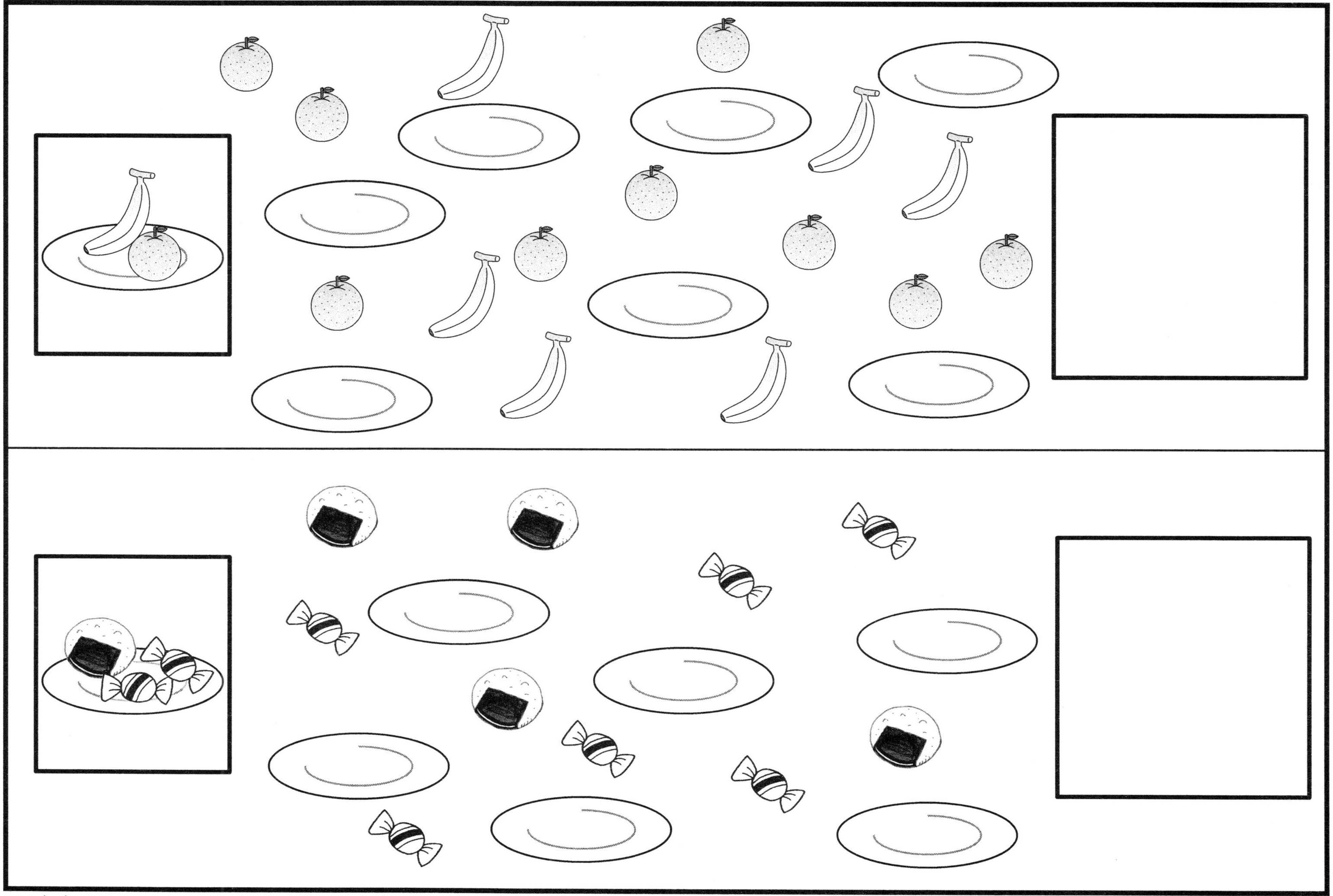

問題 9

①

②

③

④

無断複製／転載を禁ずる　　日本学習図書株式会社

問題１０

無断複製／転載を禁ずる

日本学習図書株式会社

2022年度 附属小金井小学校 ステップアップ 無断複製/転載を禁ずる 日本学習図書株式会社

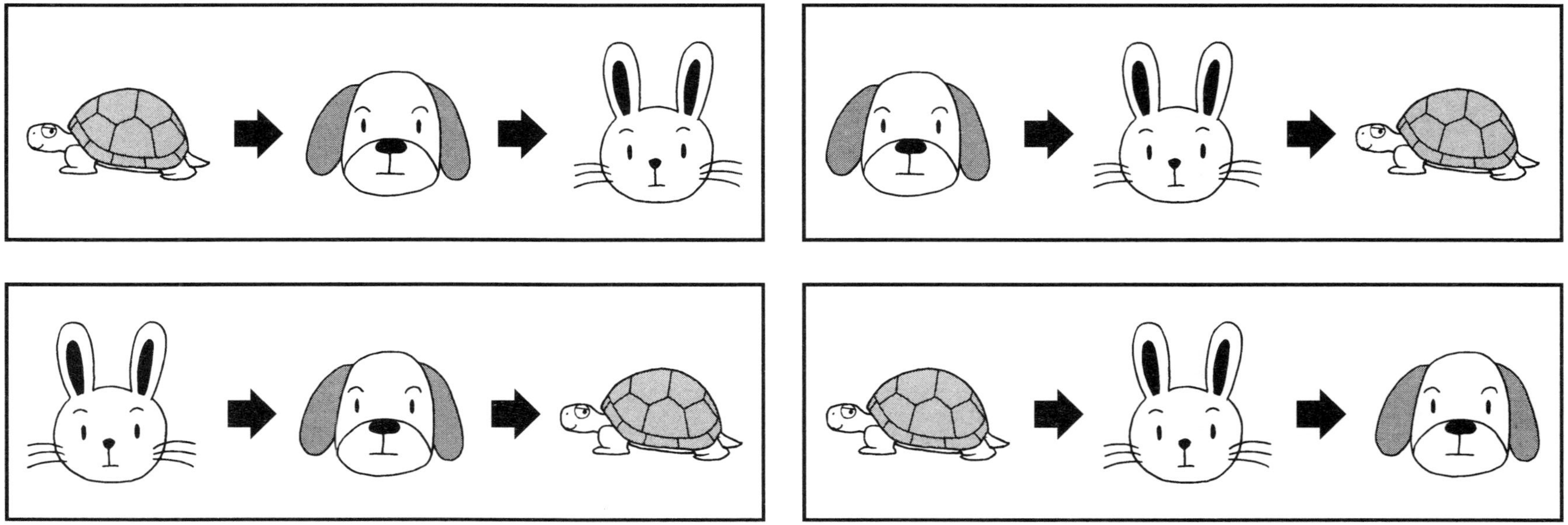

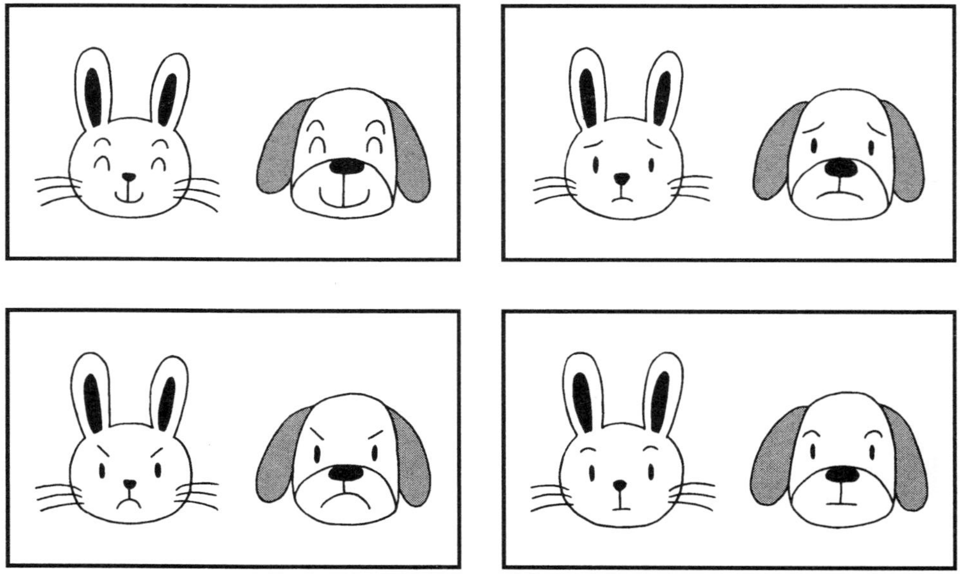

2022 年度 附属小金井小学校 ステップアップ 無断複製／転載を禁ずる 日本学習図書株式会社

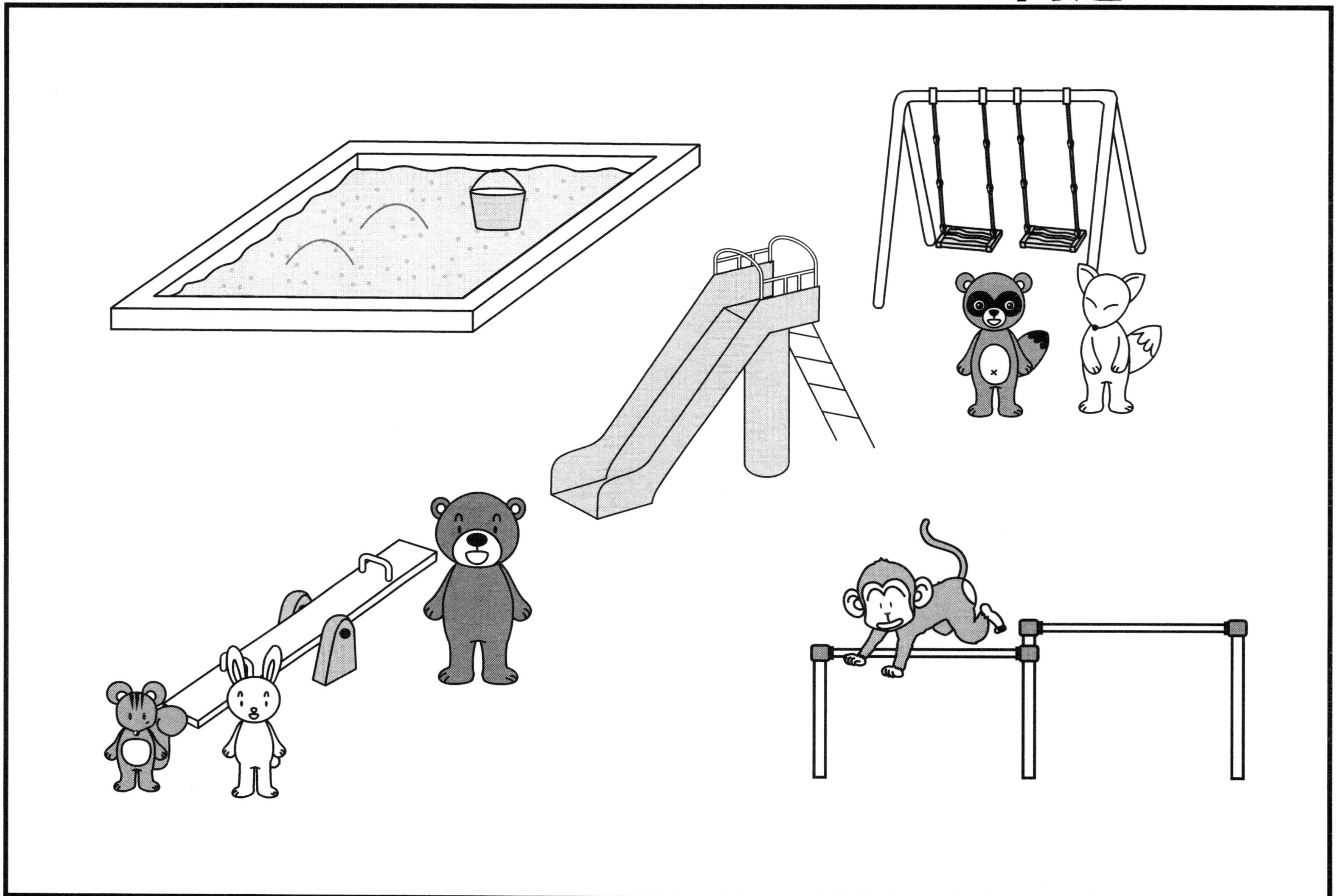

日本学習図書株式会社

2022 年度　附属小金井小学校　ステップアップ　無断複製／転載を禁ずる

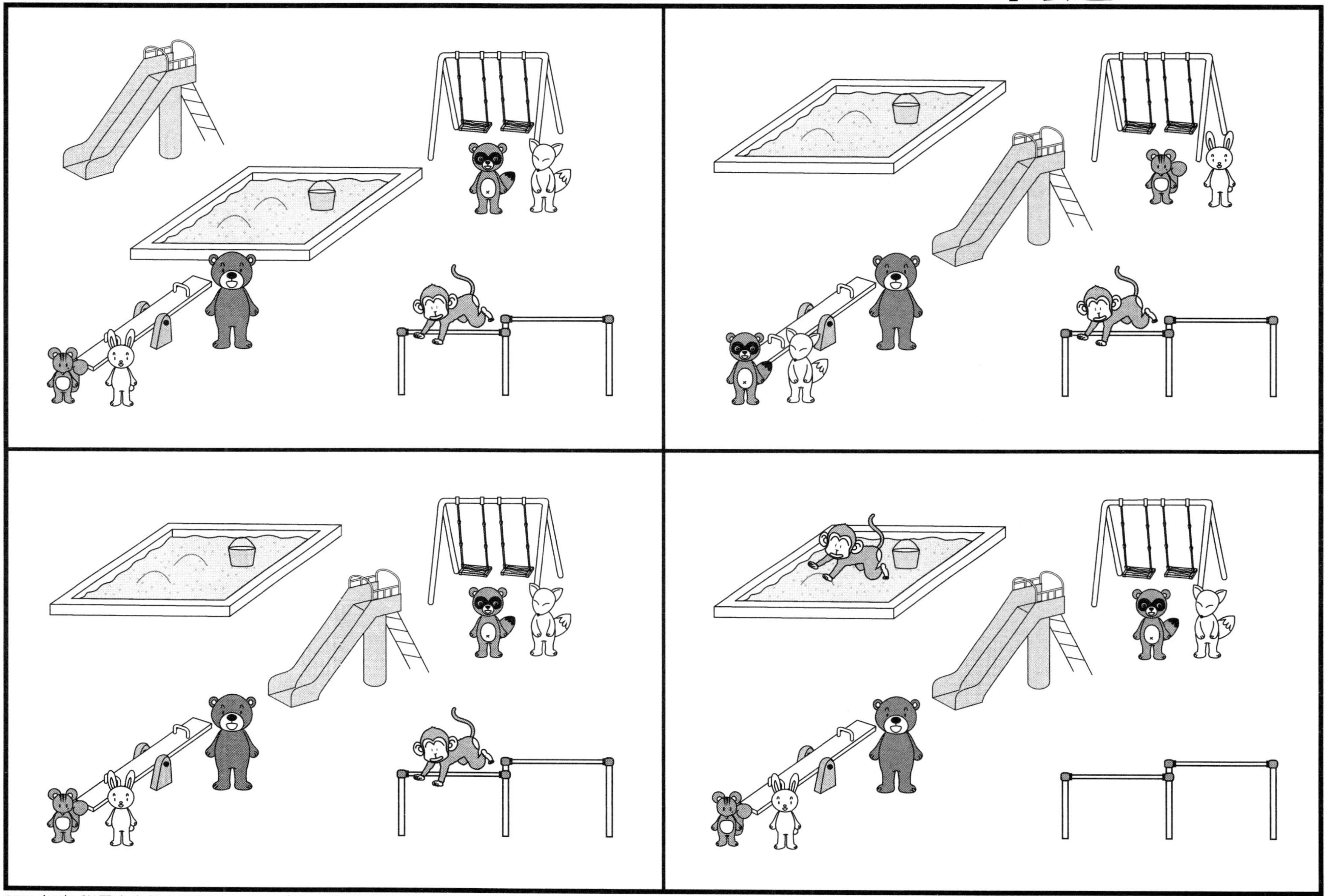

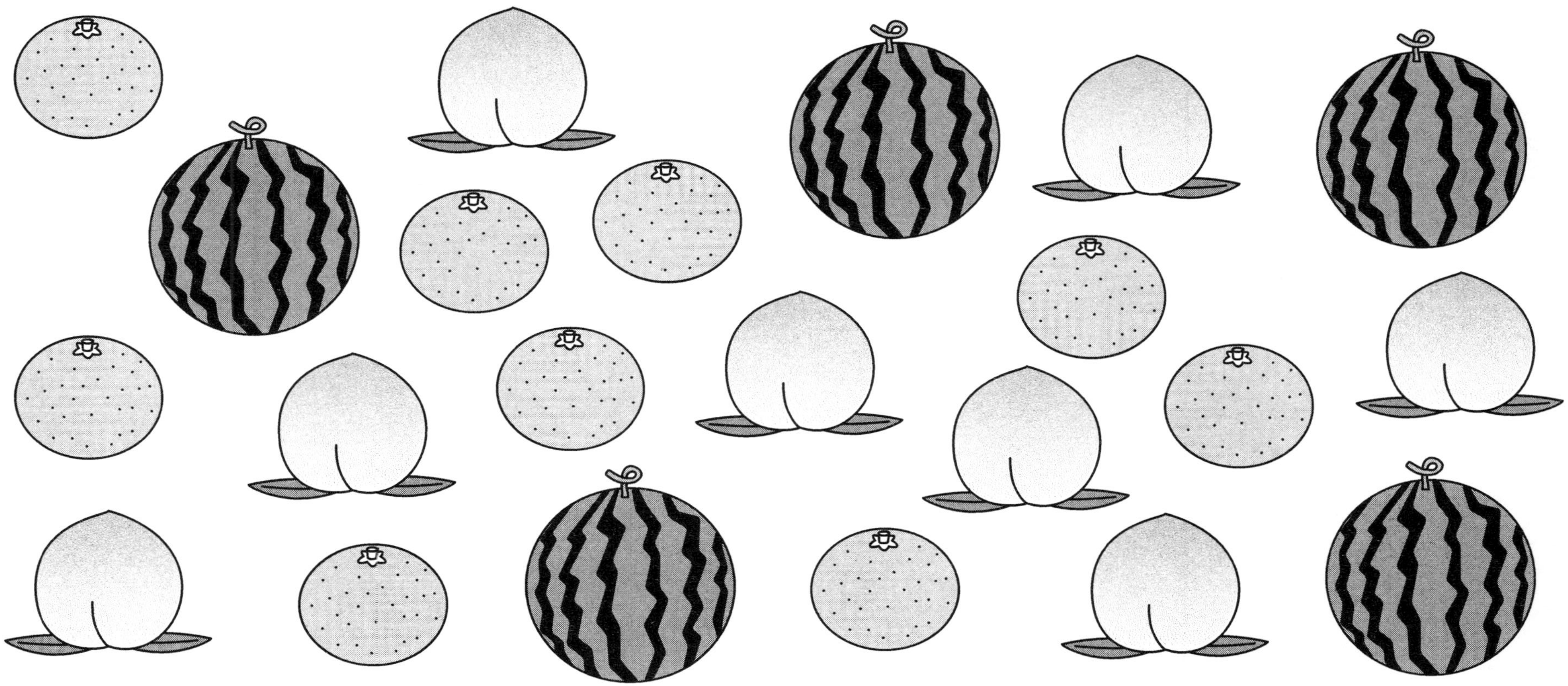

①

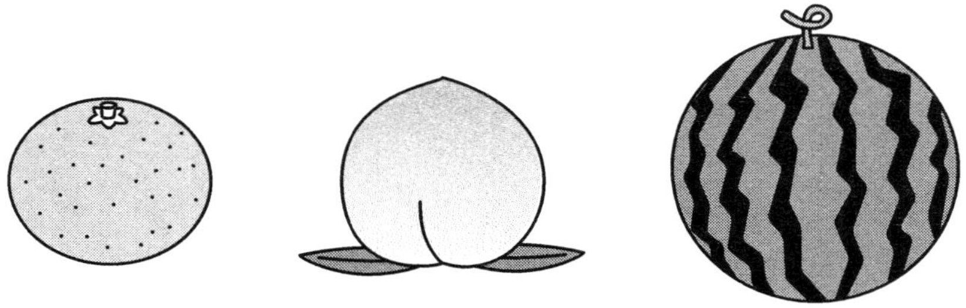

②

問題１４

①

②

無断複製／転載を禁ずる

日本学習図書株式会社

2022 年度 附属小金井小学校 ステップアップ 無断複製／転載を禁ずる　　日本学習図書株式会社

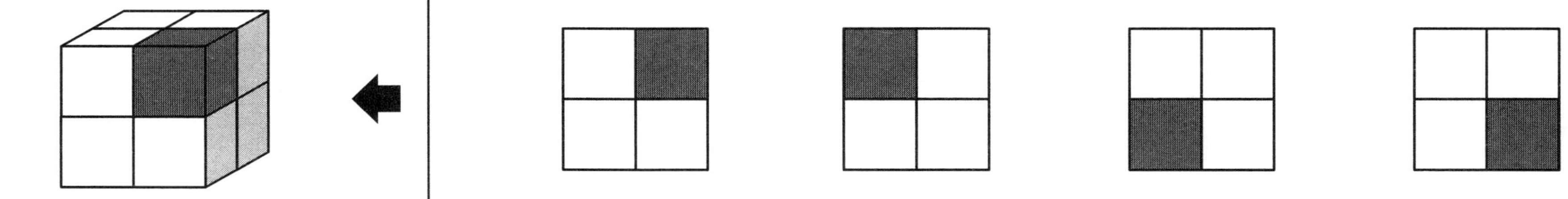

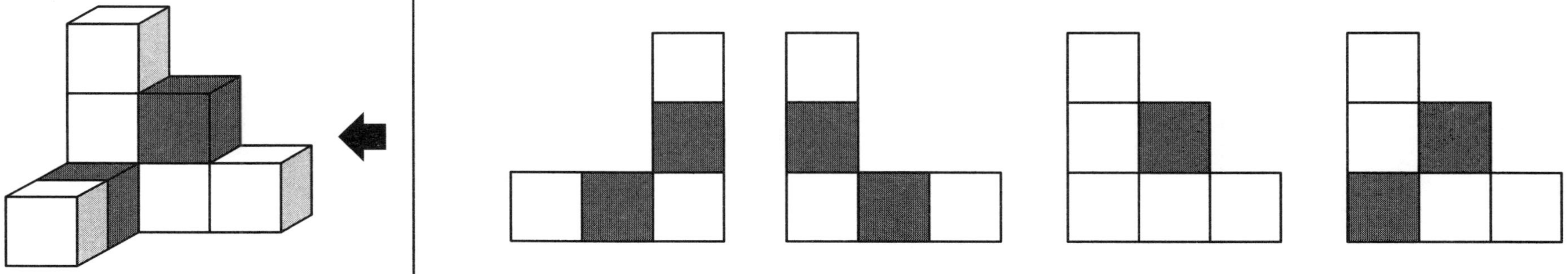

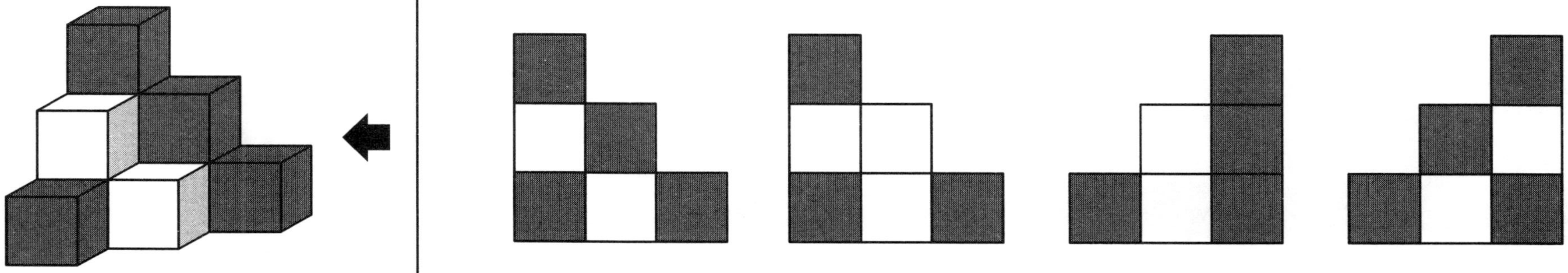

問題16

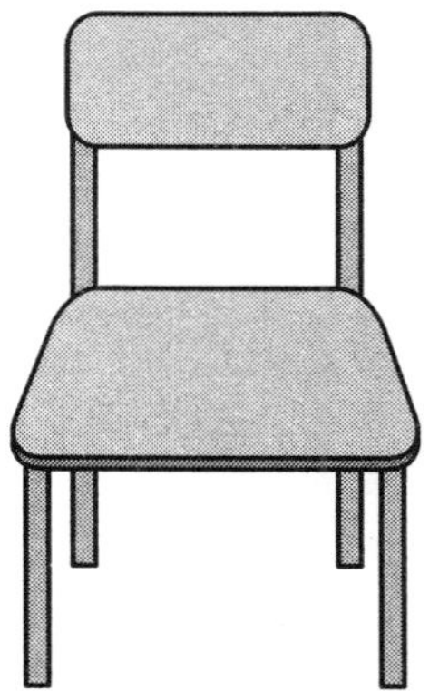

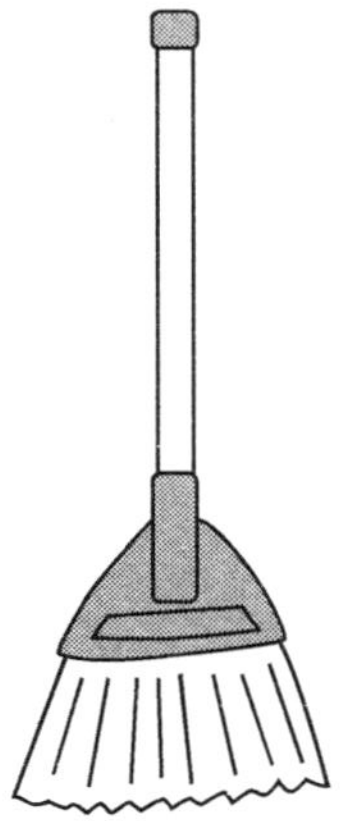

無断複製／転載を禁ずる

2022 年度 附属小金井小学校 ステップアップ 無断複製／転載を禁ずる　　日本学習図書株式会社

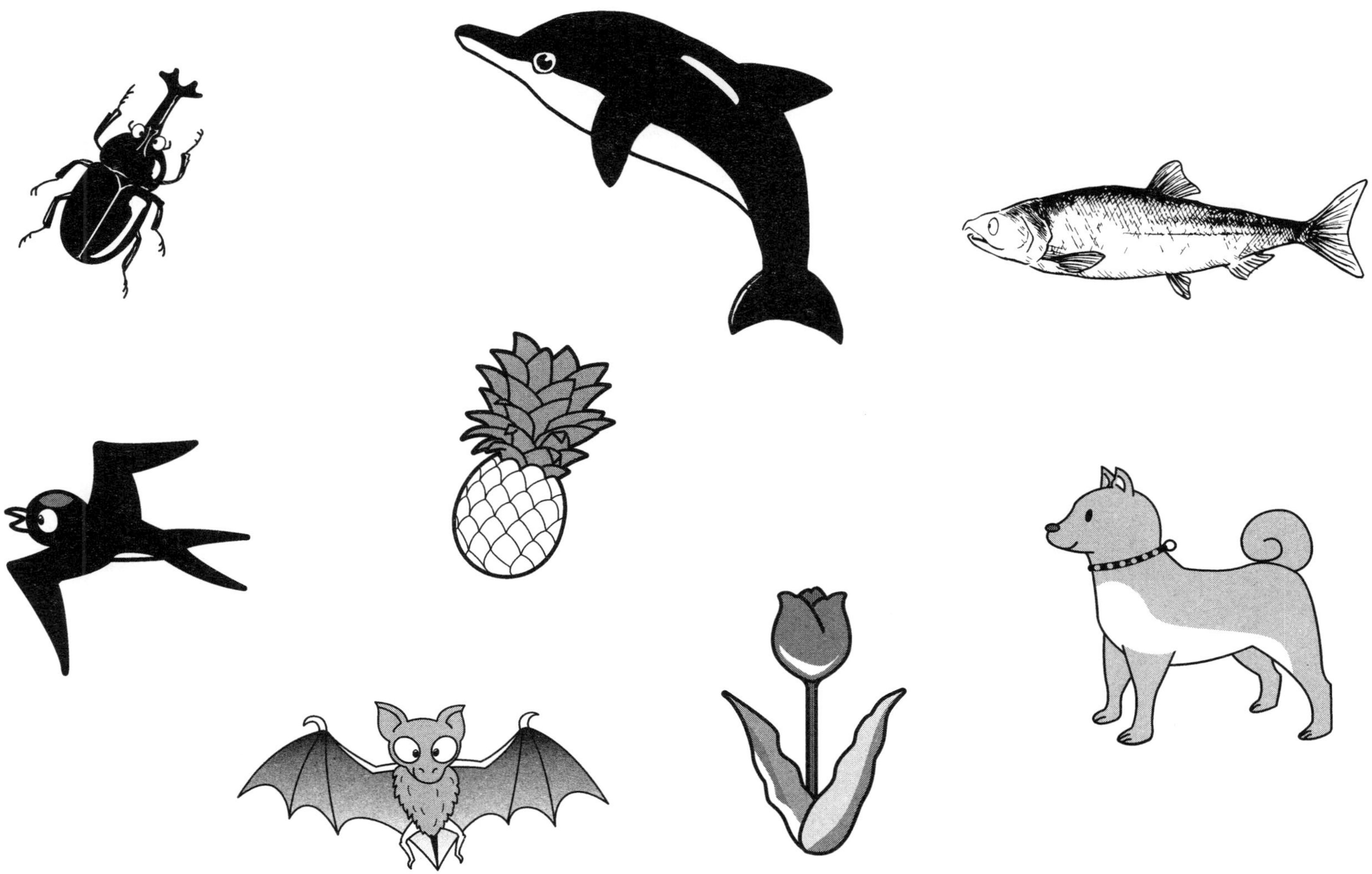

問題18

2022 年度 附属小金井小学校 ステップアップ 無断複製／転載を禁ずる

日本学習図書株式会社

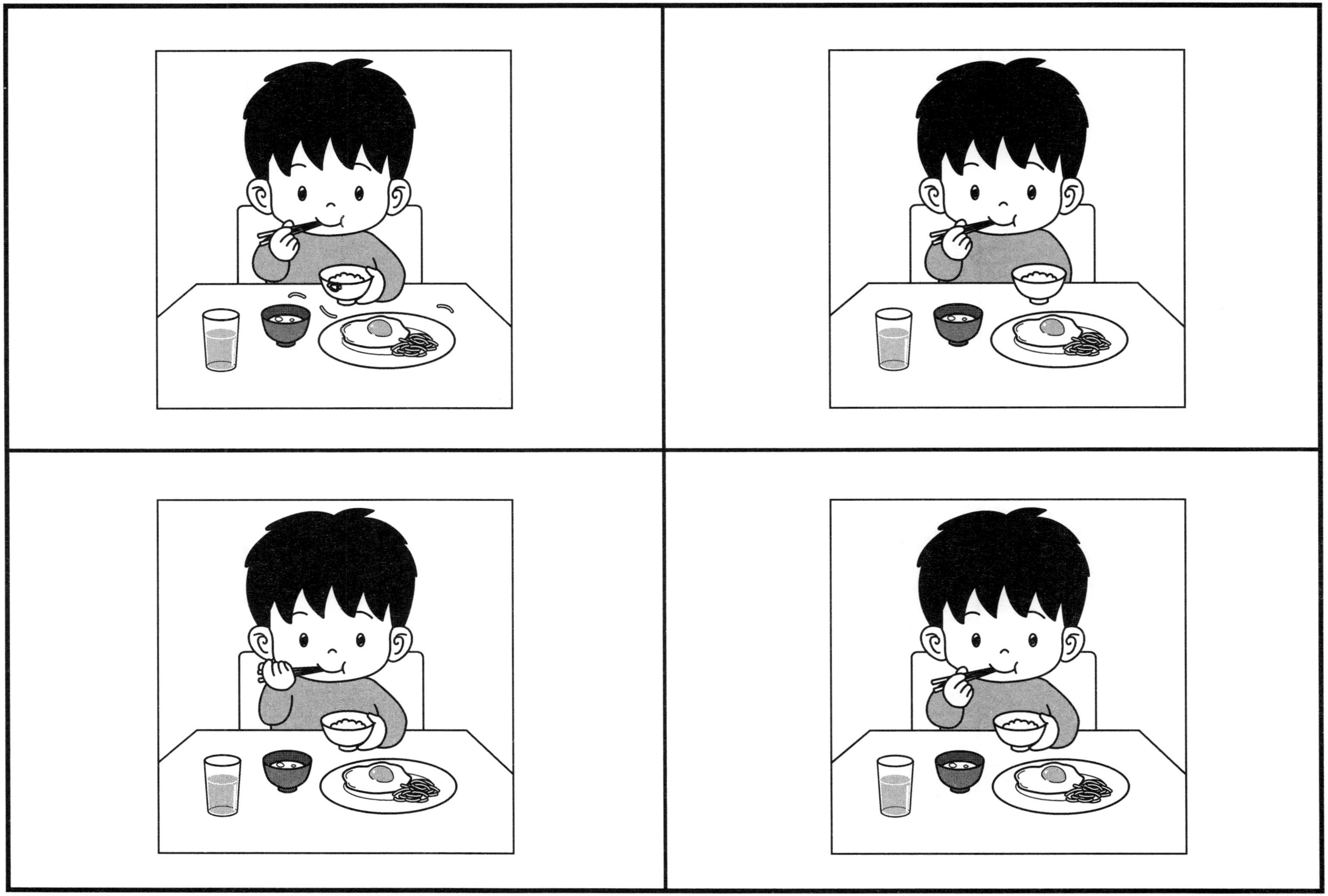

問題19

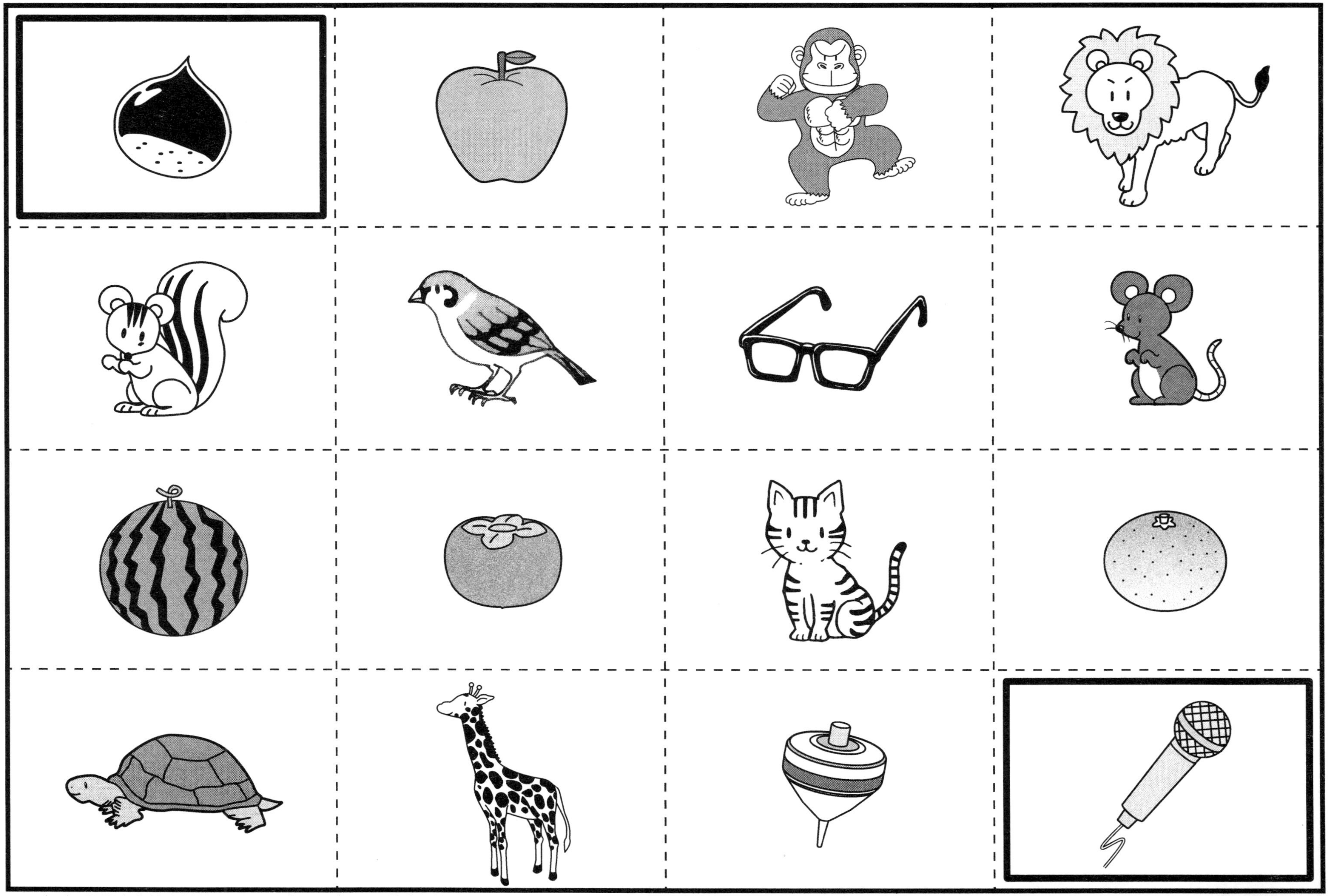

問題２０

①お手本通りに折り紙を折る

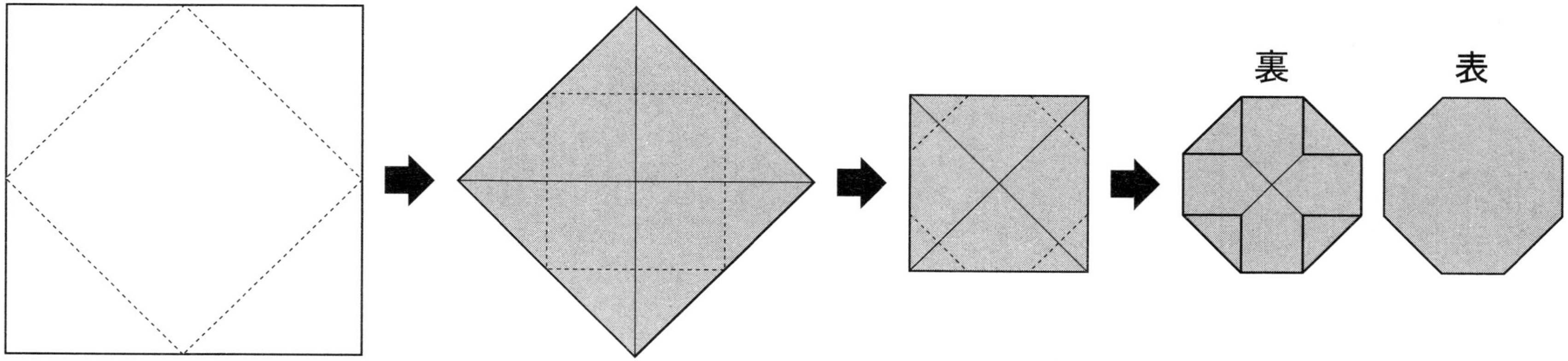

②お母さん（お父さん）の
好きなものを描く

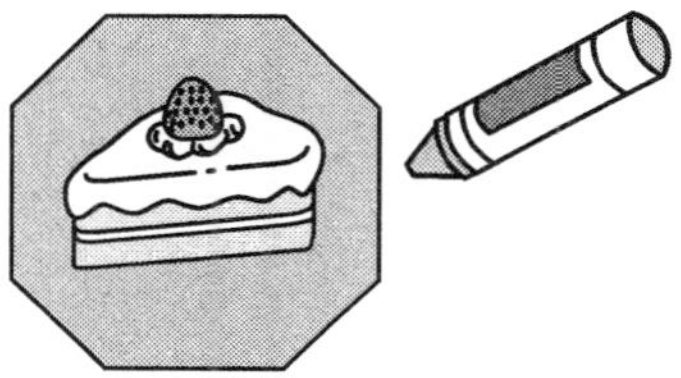

③セロテープで
ひもを留める

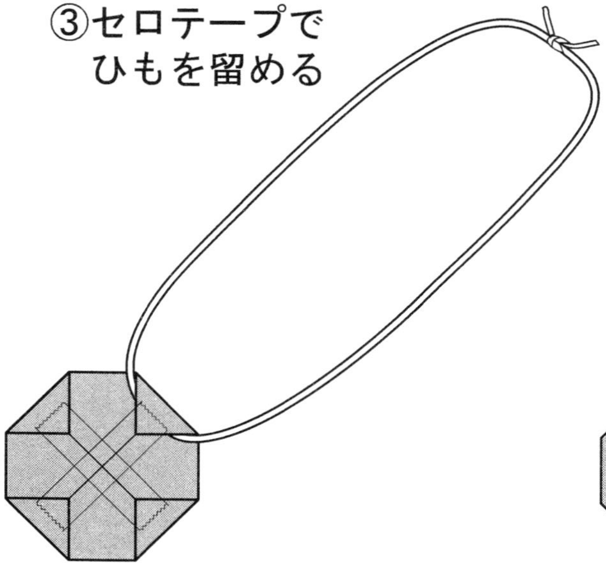

完成

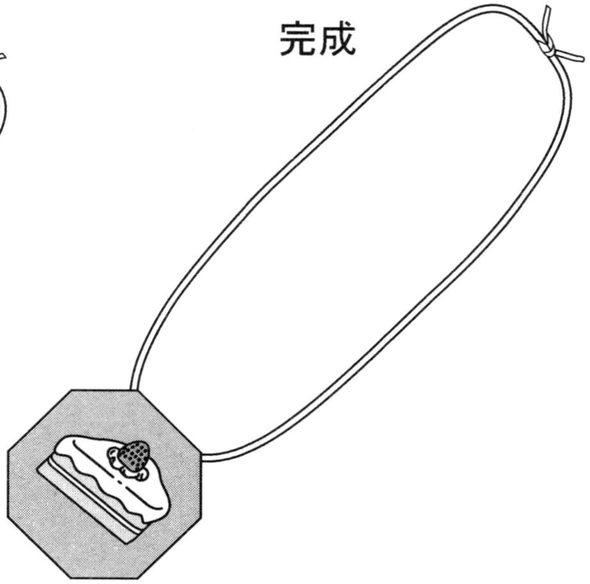

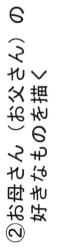

問題２１

①

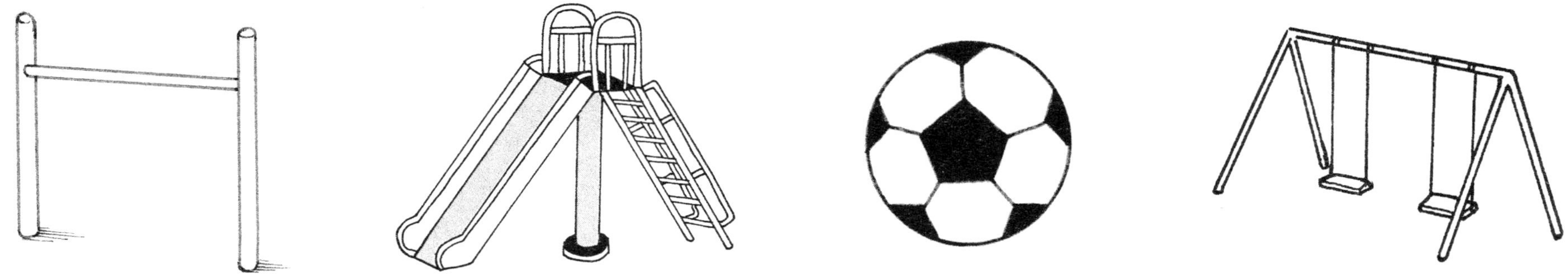

②

無断複製／転載を禁ずる　　日本学習図書株式会社

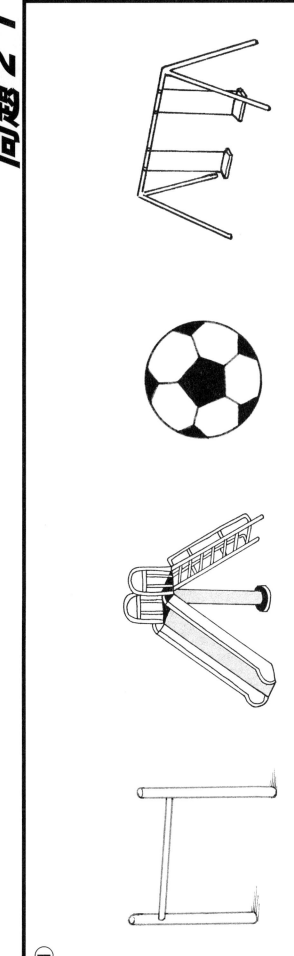

2022 年度 附属小金井小学校 ステップアップ 無断複製／転載を禁ずる　　日本学習図書株式会社

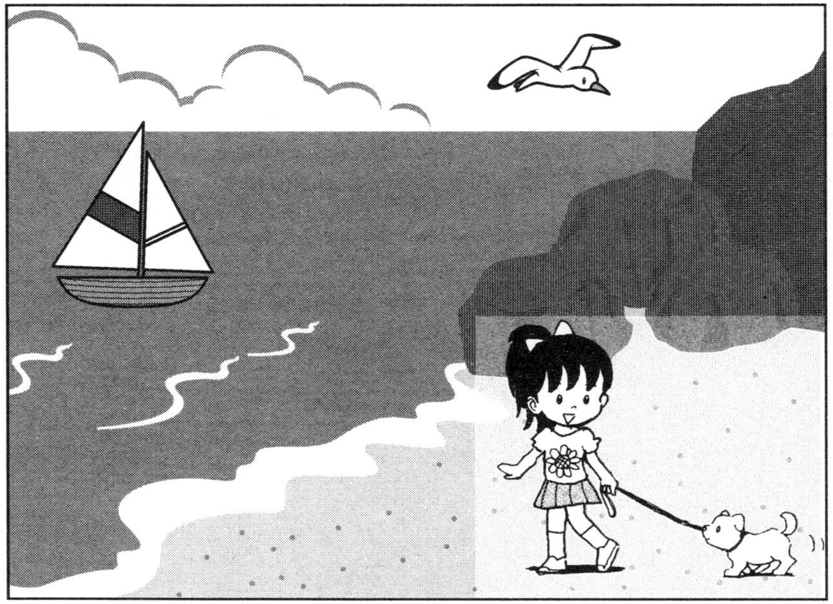

2022 年度 附属小金井小学校 ステップアップ 無断複製／転載を禁ずる 日本学習図書株式会社

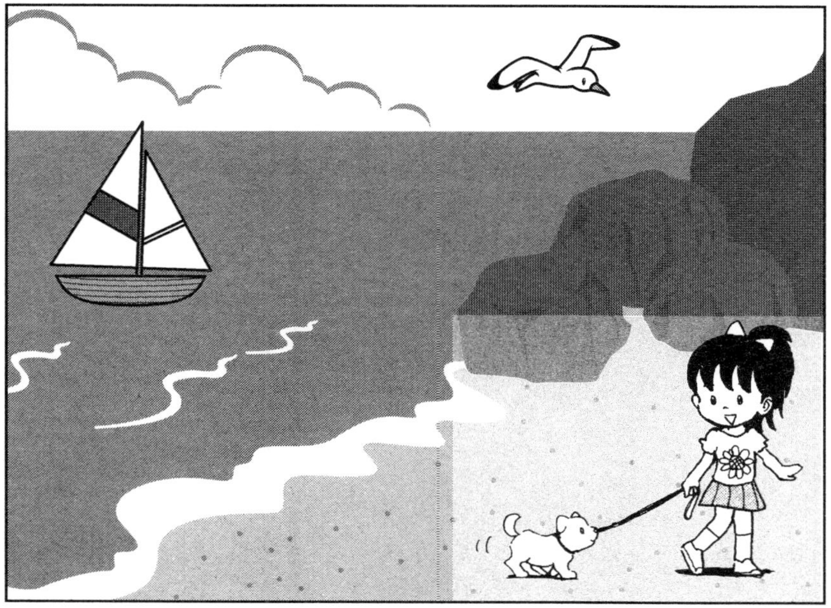

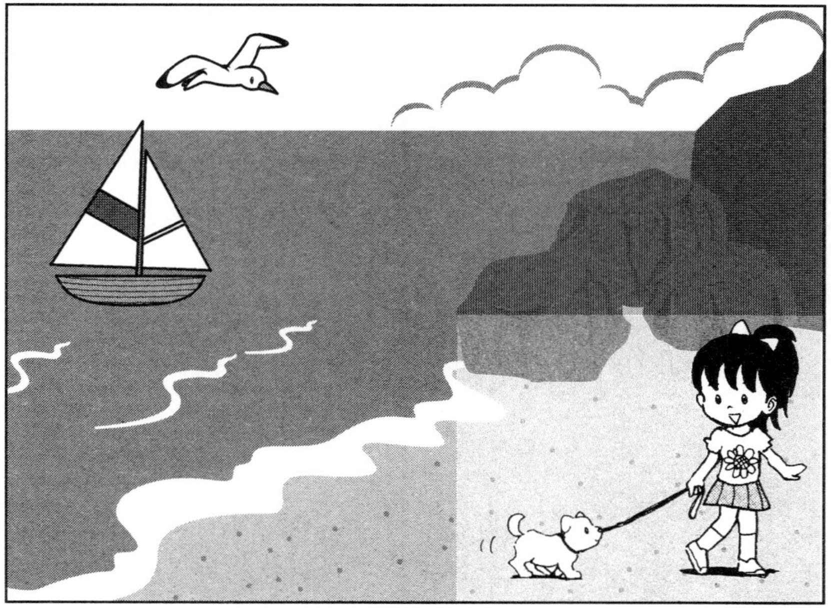

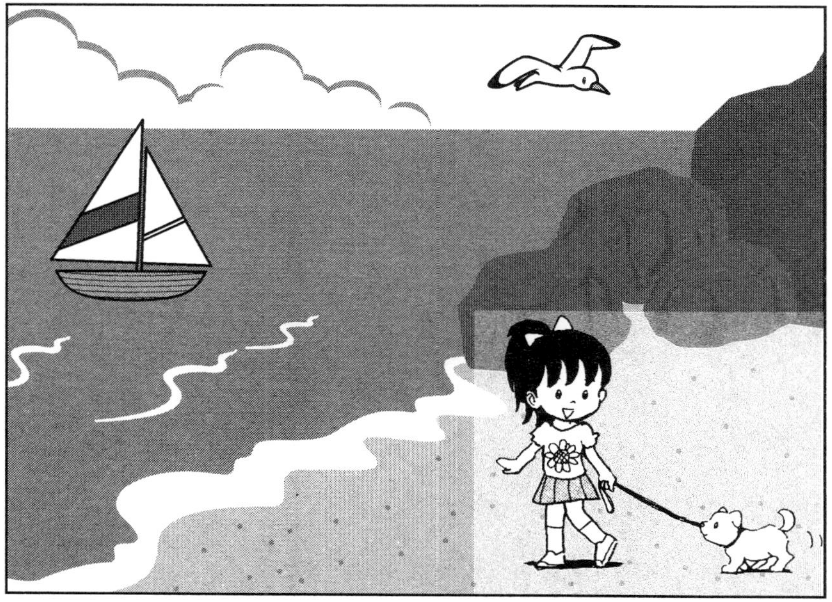

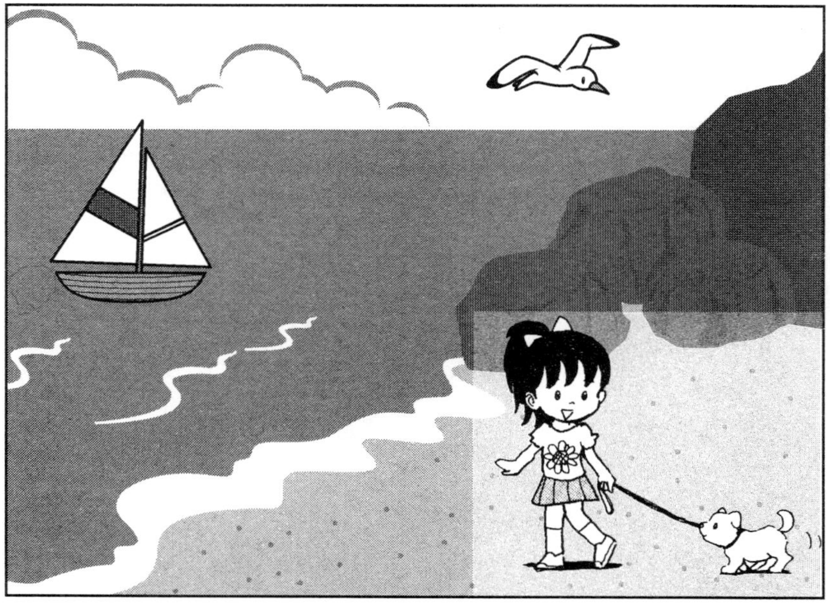

問題２３

①

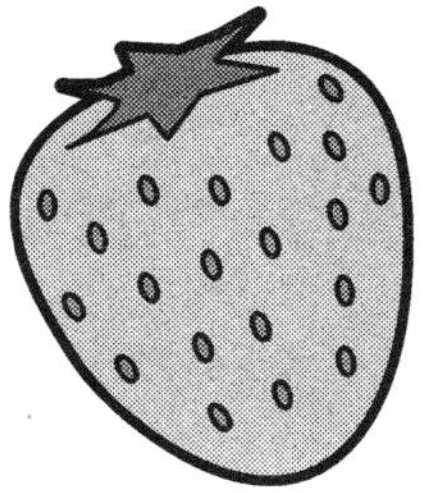

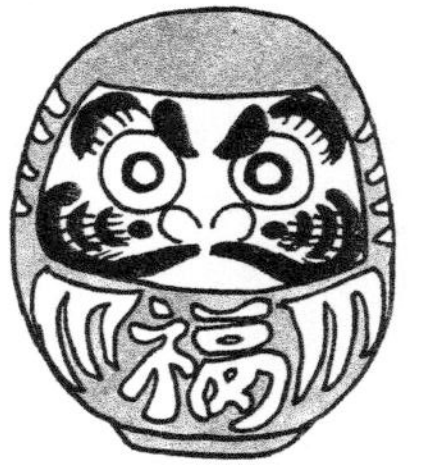

②

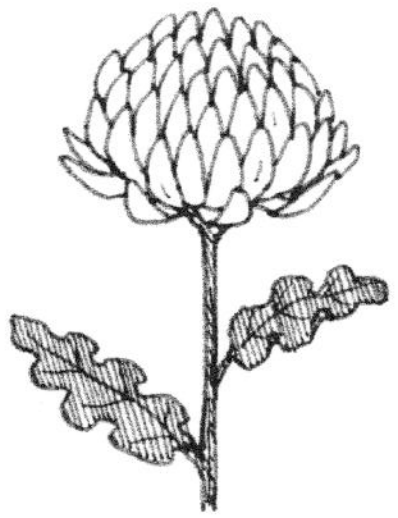

③

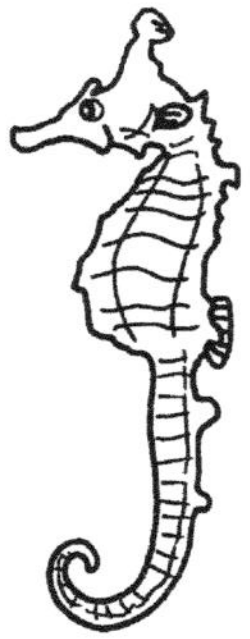
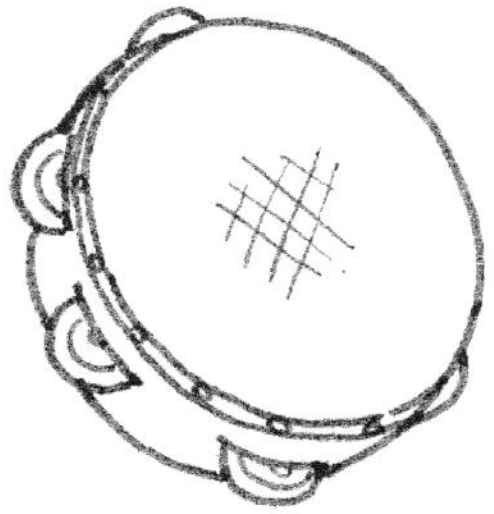

無断複製／転載を禁ずる

問題24

①

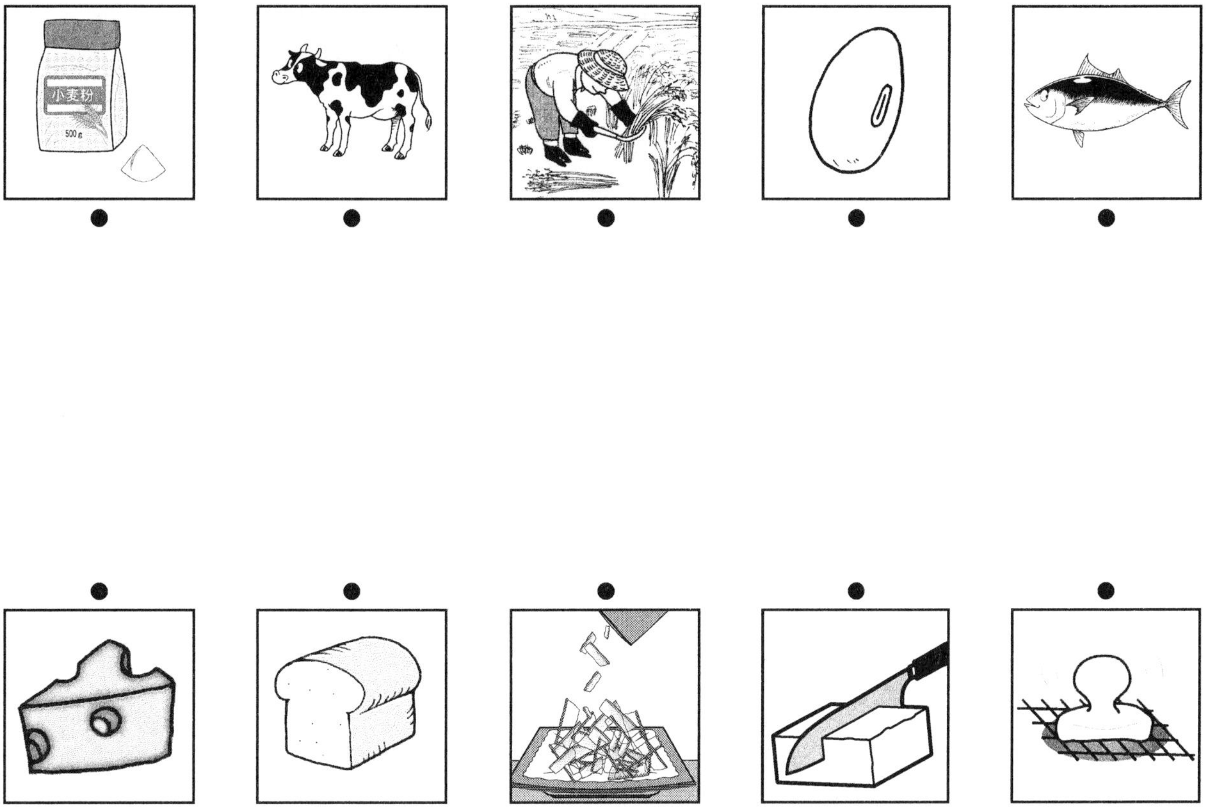

②

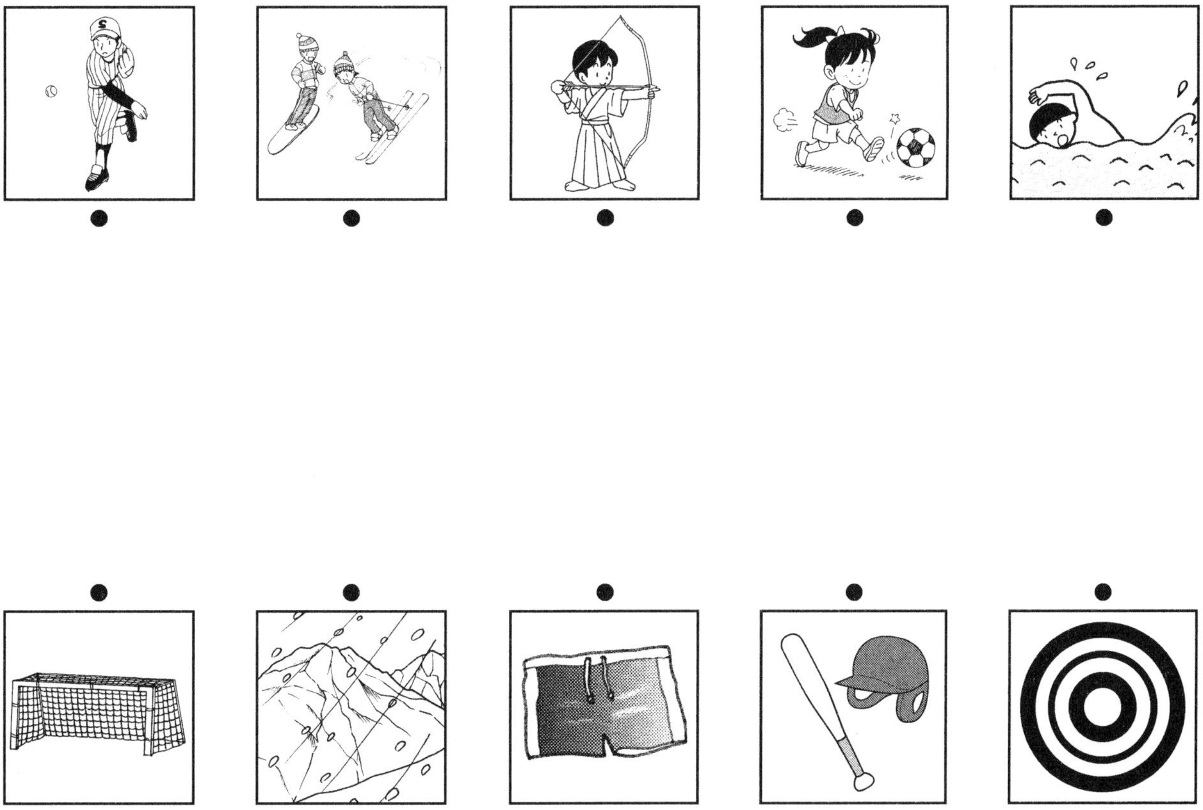

2022年度 附属小金井小学校 ステップアップ 無断複製/転載を禁ずる

日本学習図書株式会社

①

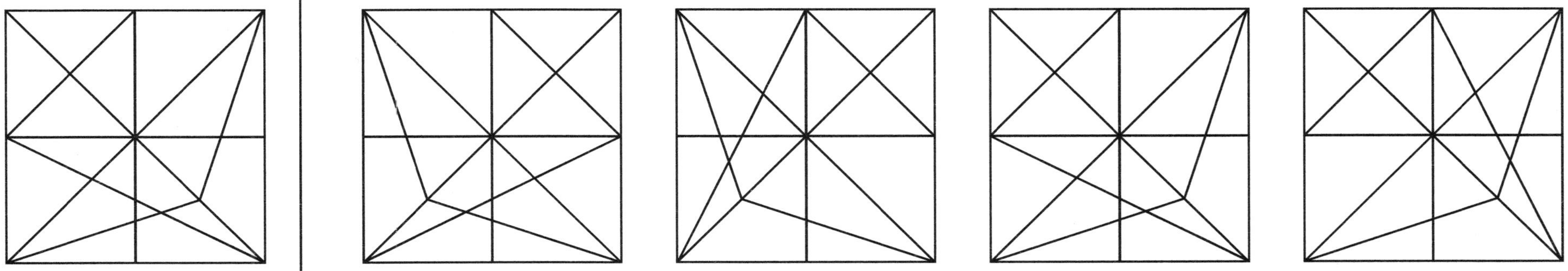

②

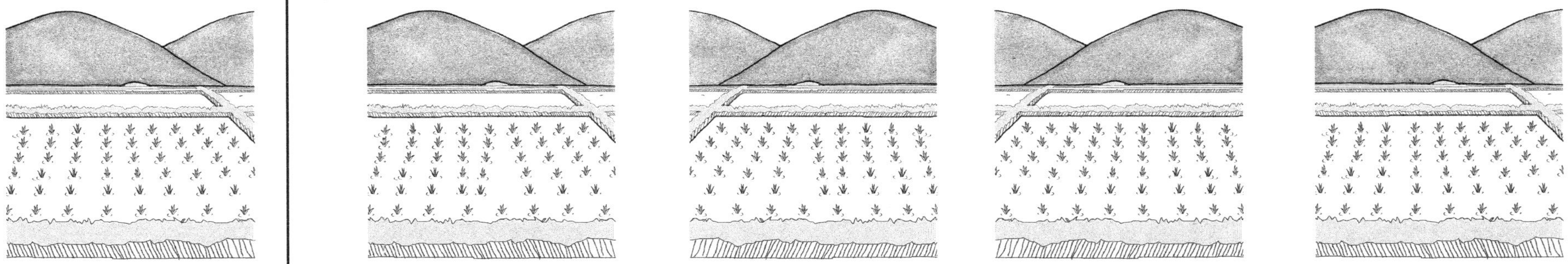

③

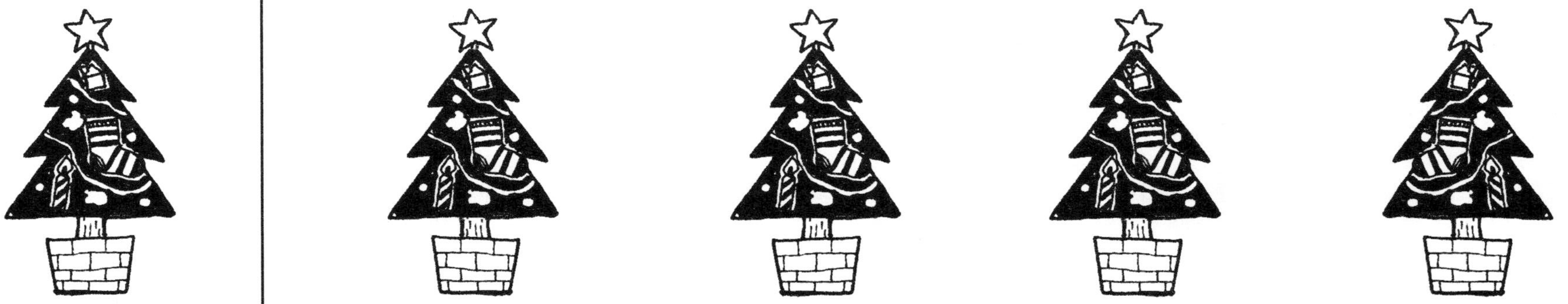

2022 年度 附属小金井小学校 ステップアップ 無断複製/転載を禁ずる 日本学習図書株式会社

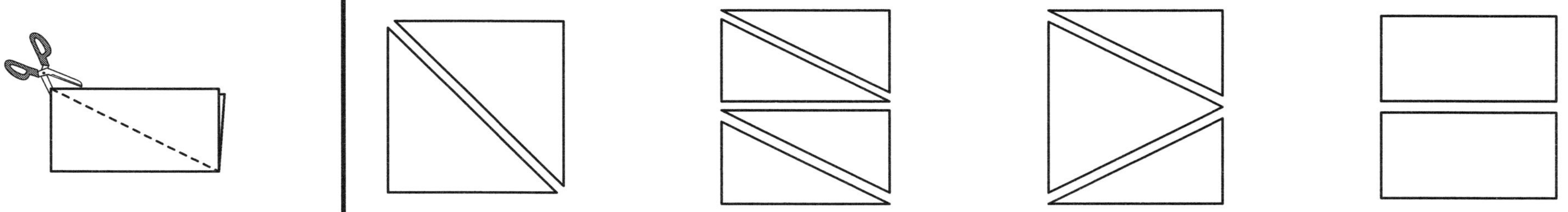

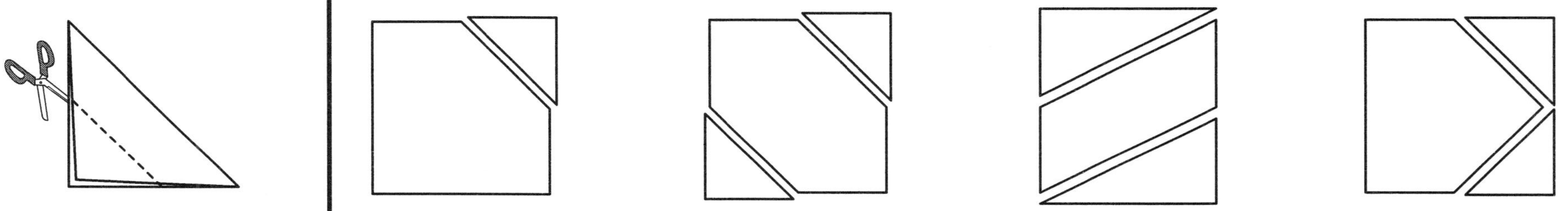

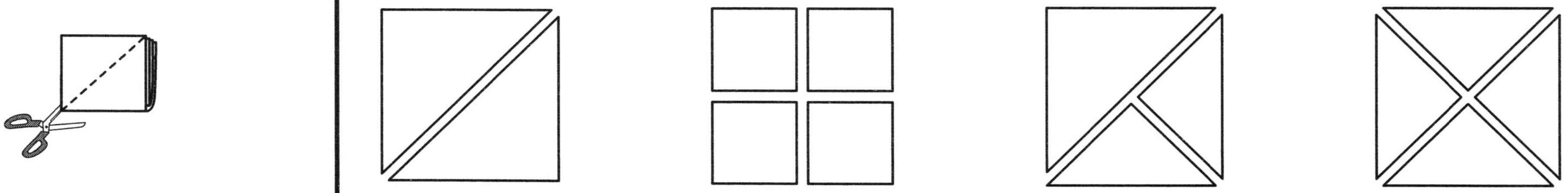

問題２７

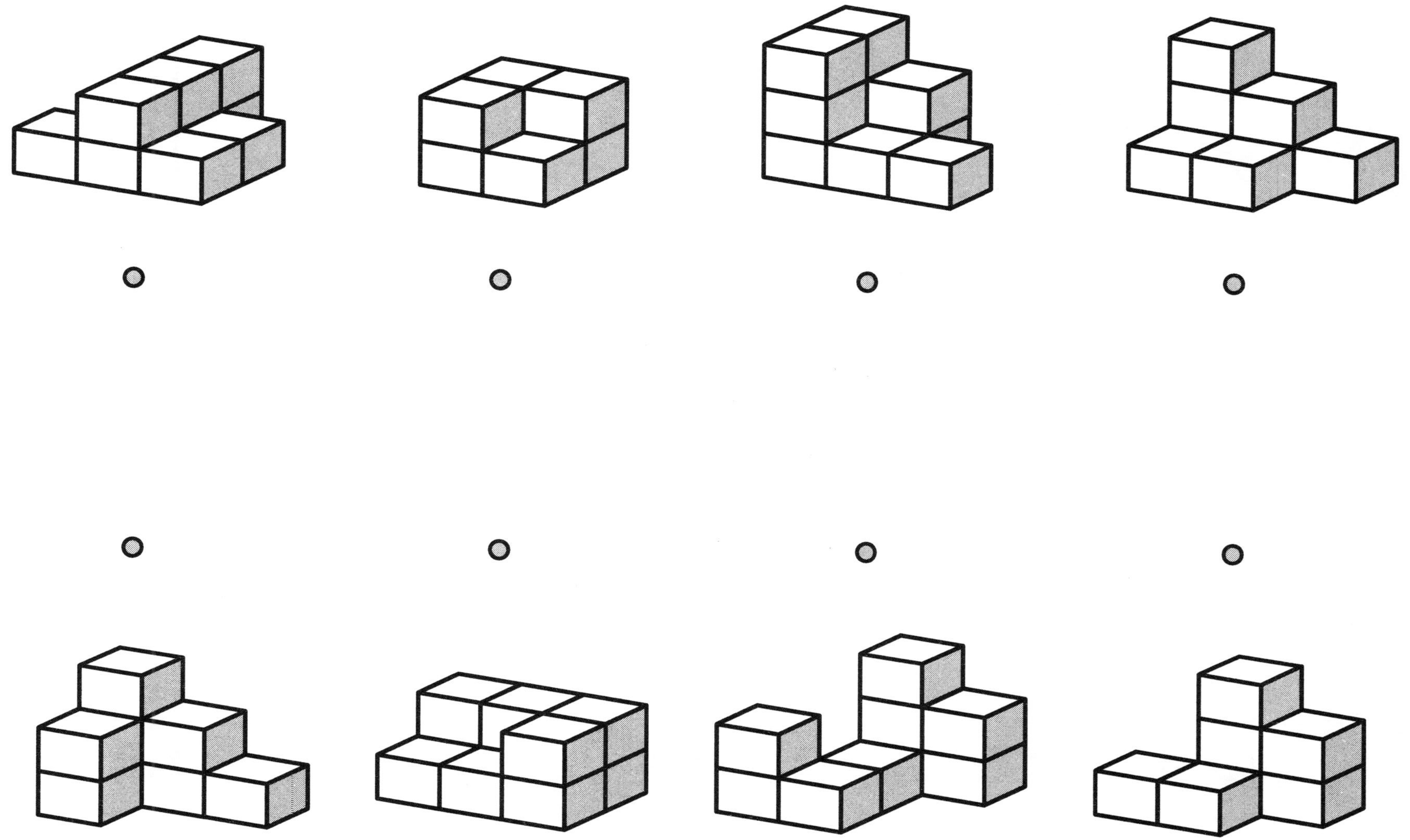

無断複製／転載を禁ずる

問題２８

①

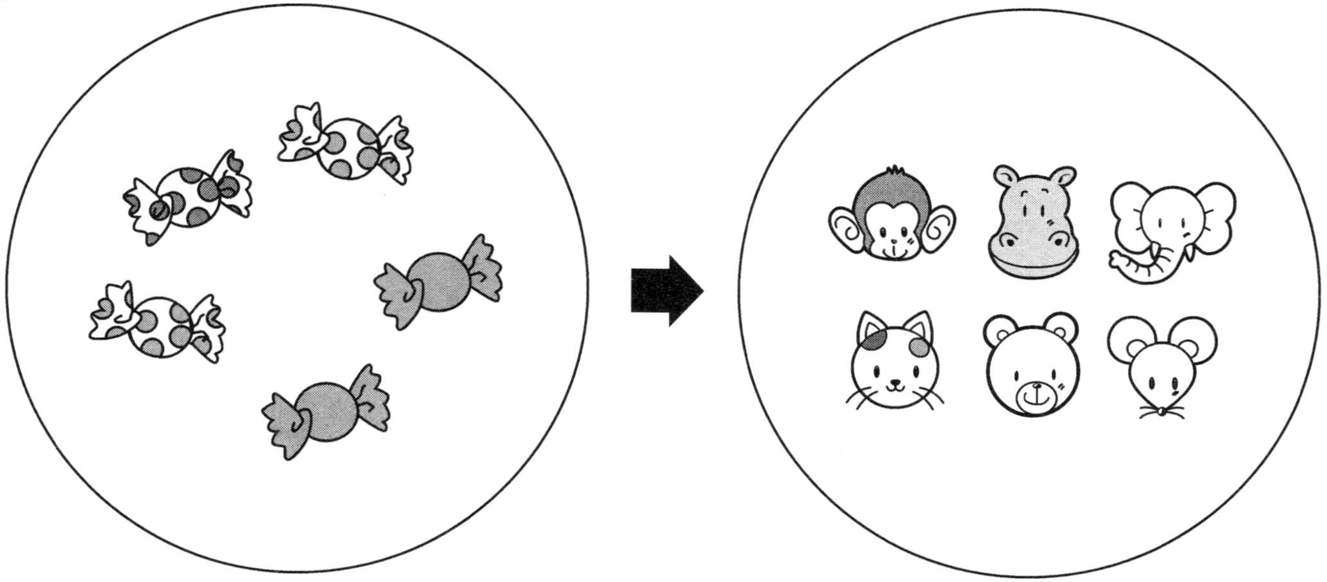

②

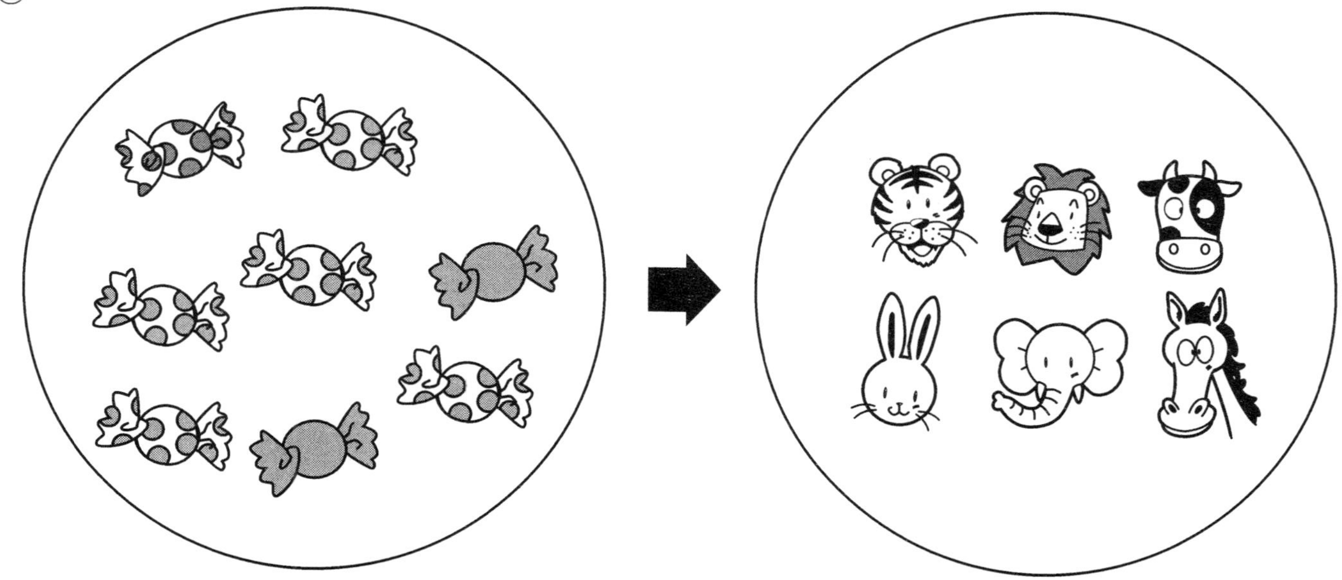

無断複製／転載を禁ずる

日本学習図書株式会社

問題２９

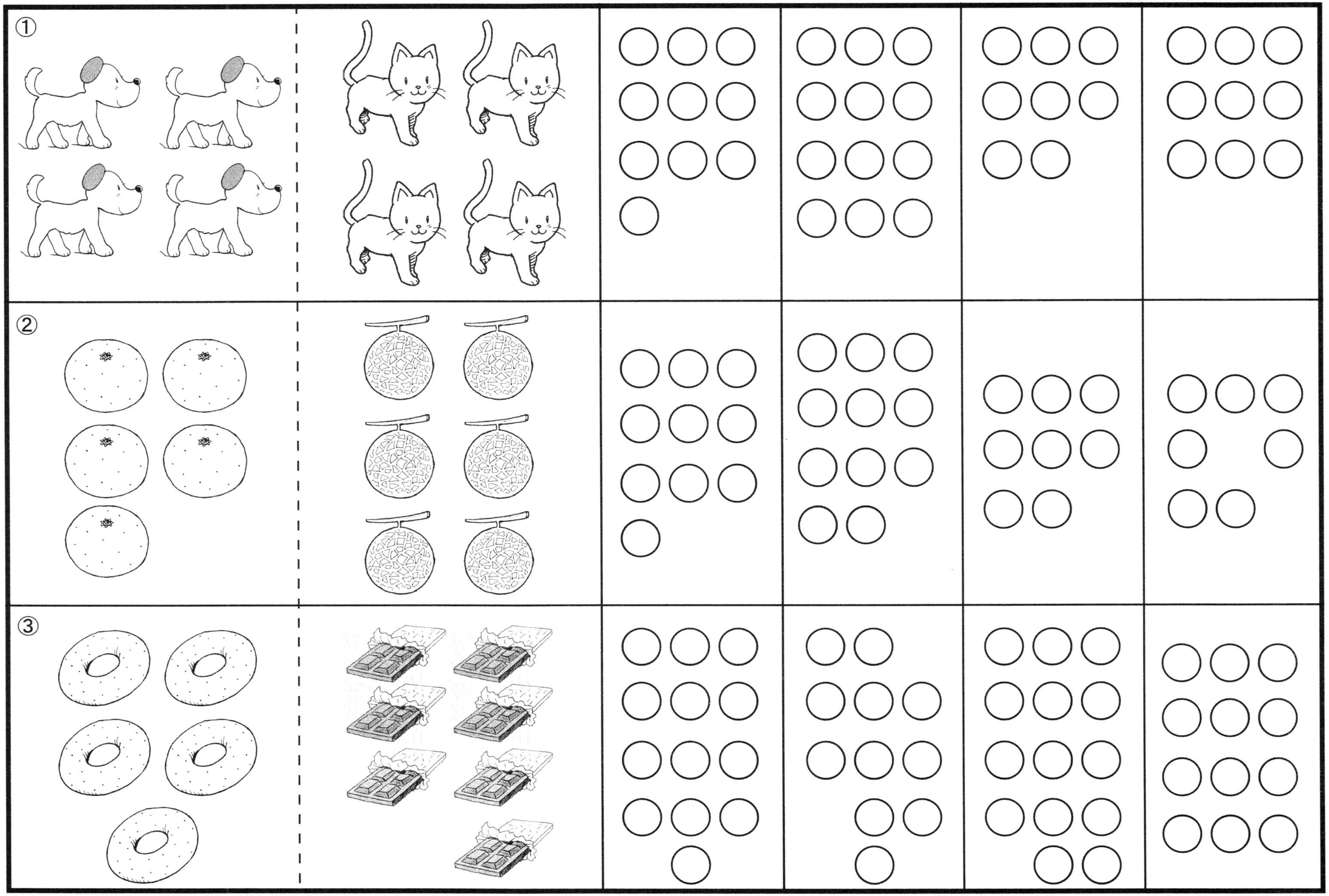

 無断複製／転載を禁ずる 日本学習図書株式会社

2022 年度 附属小金井小学校 ステップアップ 無断複製／転載を禁ずる 日本学習図書株式会社

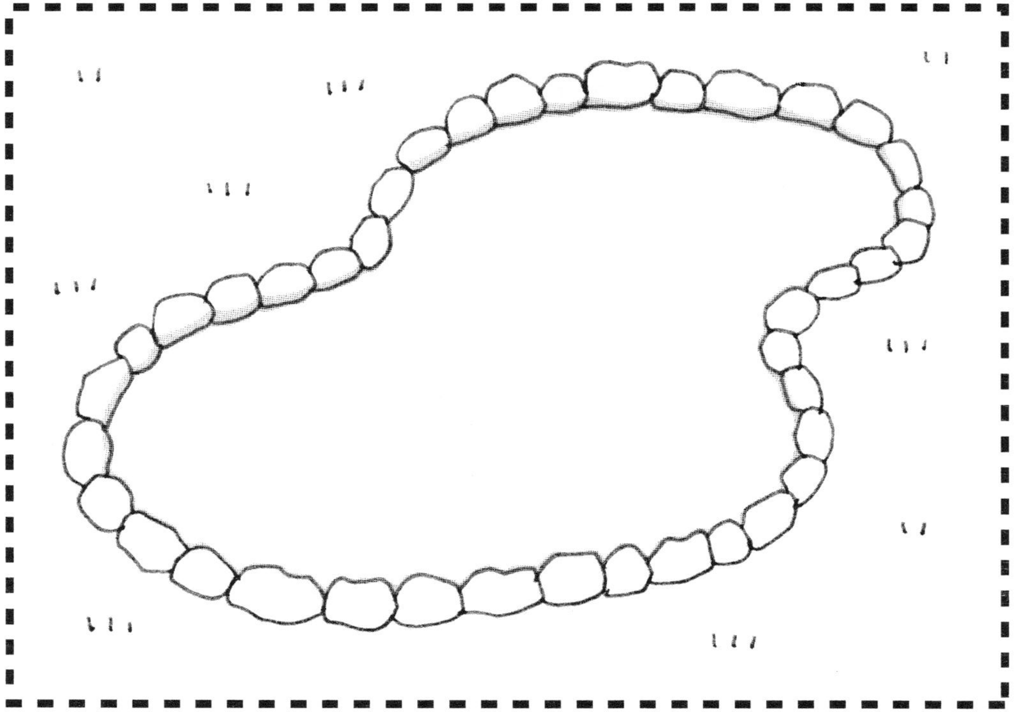

問題３０－２

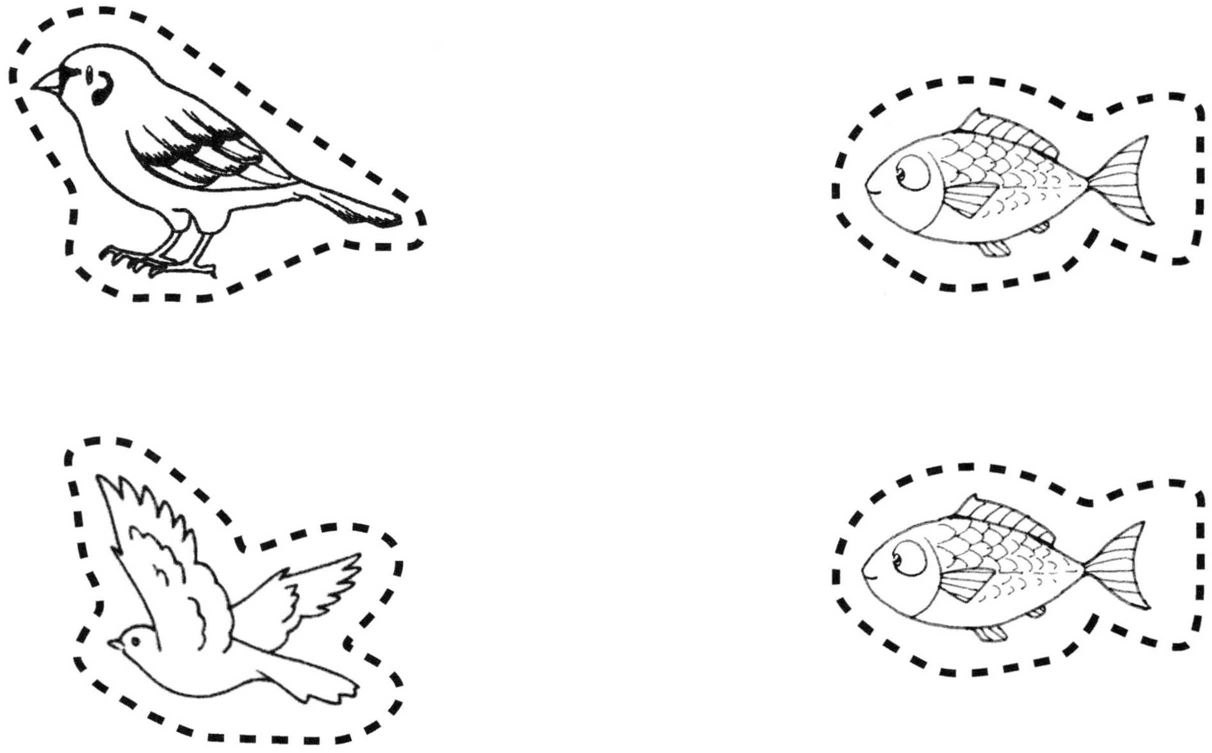

図書カード 1000 円分プレゼント

ご記入日 令和　　年　　月　　日

☆国・私立小学校受験アンケート☆

※可能な範囲でご記入下さい。選択肢は○で囲んで下さい。

〈小学校名〉＿＿＿＿＿＿＿＿　〈お子さまの性別〉男・女　〈誕生月〉＿＿月

〈その他の受験校〉（複数回答可）＿＿＿＿＿＿＿＿

〈受験日〉①：＿月＿日〈時間〉＿時＿分～＿時＿分

②：＿月＿日〈時間〉＿時＿分～＿時＿分

〈受験者数〉男女計＿＿名（男子＿＿名　女子＿＿名）

〈お子さまの服装〉＿＿＿＿＿＿＿＿

〈入試全体の流れ〉（記入例）準備体操→行動観察→ペーパーテスト

＿＿＿＿＿＿＿＿

Eメールによる情報提供

日本学習図書では、Eメールでも入試情報を募集しております。

下記のアドレスに、アンケートの内容をご入力の上、メールをお送り下さい。

ojuken@nichigaku.jp

●行動観察　（例）好きなおもちゃで遊ぶ・グループで協力するゲームなど

〈実施日〉＿月＿日〈時間〉＿時＿分～＿時＿分〈着替え〉□有　□無

〈出題方法〉□肉声　□録音　□その他（　　　　）〈お手本〉□有　□無

〈試験形態〉□個別　□集団（　　人程度）　〈会場図〉

〈内容〉

□自由遊び

＿＿＿＿＿＿＿＿

□グループ活動

＿＿＿＿＿＿＿＿

□その他

＿＿＿＿＿＿＿＿

●運動テスト（有・無）　（例）跳び箱・チームでの競争など

〈実施日〉＿月＿日〈時間〉＿時＿分～＿時＿分〈着替え〉□有　□無

〈出題方法〉□肉声　□録音　□その他（　　　　）〈お手本〉□有　□無

〈試験形態〉□個別　□集団（　　人程度）　〈会場図〉

〈内容〉

□サーキット運動

□走り　□跳び箱　□平均台　□ゴム跳び

□マット運動　□ボール運動　□なわ跳び

□クマ歩き

□グループ活動＿＿＿＿＿＿＿＿

□その他＿＿＿＿＿＿＿＿

日本学習図書株式会社

●知能テスト・口頭試問

〈実施日〉　　月　　日　〈時間〉　　時　　分　〜　　時　　分　〈お手本〉□有　□無

〈出題方法〉　□肉声　□録音　□その他（　　　　　　　）〈問題数〉　＿＿枚　＿＿問

分野	方法	内　容	詳　細・イ　ラ　ス　ト
（例） お話の記憶	☑筆記 □口頭	動物たちが待ち合わせをする話	（あらすじ） 動物たちが待ち合わせをした。最初にウサギさんが来た。次にイヌくんが、その次にネコさんが来た。最後にタヌキくんが来た。 （問題・イラスト） ３番目に来た動物は誰か 
お話の記憶	□筆記 □口頭		（あらすじ） （問題・イラスト）
図形	□筆記 □口頭		
言語	□筆記 □口頭		
常識	□筆記 □口頭		
数量	□筆記 □口頭		
推理	□筆記 □口頭		
その他	□筆記 □口頭		

●制作 （例）ぬり絵・お絵かき・工作遊びなど

〈実施日〉＿＿月＿＿日 〈時間〉＿＿時＿＿分 ～ ＿＿時＿＿分

〈出題方法〉 □肉声 □録音 □その他（　　　　　）〈お手本〉□有 □無

〈試験形態〉 □個別 □集団（　　　人程度）

材料・道具	制作内容
□ハサミ	□切る □貼る □塗る □ちぎる □結ぶ □描く □その他（　　　）
□のり（□つぼ □液体 □スティック）	タイトル：＿＿＿＿＿＿＿＿
□セロハンテープ	
□鉛筆 □クレヨン（　色）	
□クーピーペン（　色）	
□サインペン（　色）□	
□画用紙（□ A4 □ B4 □ A3	
□その他：　　　）	
□折り紙 □新聞紙 □粘土	
□その他（　　　）	

●面接

〈実施日〉＿＿月＿＿日 〈時間〉＿＿時＿＿分 ～ ＿＿時＿＿分 〈面接担当者〉＿＿名

〈試験形態〉□志願者のみ（　）名 □保護者のみ □親子同時 □親子別々

〈質問内容〉

※試験会場の様子をご記入下さい。

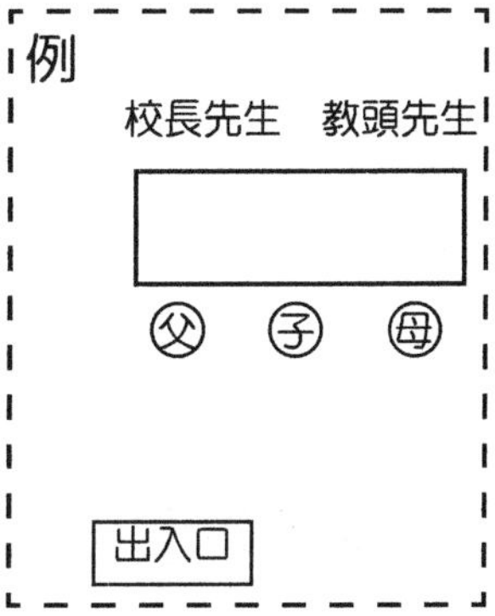

□志望動機　□お子さまの様子

□家庭の教育方針

□志望校についての知識・理解

□その他（　　　　　　　）

（詳　細）

・

・

・

・

●保護者作文・アンケートの提出（有・無）

〈提出日〉 □面接直前 □出願時 □志願者考査中 □その他（　　　　　）

〈下書き〉 □有 □無

〈アンケート内容〉

（記入例）当校を志望した理由はなんですか（150 字）

●**説明会**（□有　□無）〈開催日〉　　月　　日〈時間〉　　時　　分　～　　時　　分

〈上履き〉 □要　□不要　〈願書配布〉 □有　□無　〈校舎見学〉 □有　□無

〈ご感想〉

●**参加された学校行事**（複数回答可）

公開授業〈開催日〉　　月　　日〈時間〉　　時　　分　～　　時　　分

運動会など〈開催日〉　　月　　日〈時間〉　　時　　分　～　　時　　分

学習発表会・音楽会など〈開催日〉　　月　　日〈時間〉　　時　　分　～　　時　　分

〈ご感想〉

※是非参加したほうがよいと感じた行事について

●**受験を終えてのご感想、今後受験される方へのアドバイス**

※対策学習（重点的に学習しておいた方がよい分野）、当日準備しておいたほうがよい物など

＊＊＊＊＊＊＊＊＊＊＊＊＊　ご記入ありがとうございました　＊＊＊＊＊＊＊＊＊＊＊＊＊

必要事項をご記入の上、ポストにご投函ください。

なお、本アンケートの送付期限は入試終了後３ヶ月とさせていただきます。また、入試に関する情報の記入量が当社の基準に満たない場合、謝礼の送付ができないことがございます。あらかじめご了承ください。

ご住所：〒

お名前：　　　　　　　　メール：

TEL：　　　　　　　　FAX：

ご記入頂いた個人に関する情報は、当社にて厳重に管理致します。弊社の個人情報取り扱いに関する詳細は、www.nichigaku.jp/policy.php の「個人情報の取り扱い」をご覧下さい。

分野別 小学入試練習帳 ジュニアウォッチャー

1. 点・線図形	小学校入試で出題頻度の高い『点・線図形』の模写を、難易度の低いものから段階別に幅広く練習することができるように構成。
2. 座標	図形の位置模写という作業を、難易度の低いものから段階別に練習できるように構成。
3. パズル	様々なパズルの問題を難易度の低いものから段階別に練習できるように構成。
4. 同図形探し	小学校入試で出題頻度の高い、同図形選びの問題を繰り返し練習できるように構成。
5. 回転・展開	図形などを回転、または展開したとき、形がどのように変化するかを学習し、理解を深められるように構成。
6. 系列	数、図形などの様々な系列問題を、難易度の低いものから段階別に練習できるように構成。
7. 迷路	迷路の問題を繰り返し練習できるように構成。
8. 対称	対称に関する問題を４つのテーマに分類し、各テーマごとに問題を段階別に練習できるように構成。
9. 合成	図形の合成に関する問題を、難易度の低いものから段階別に練習できるように構成。
10. 四方からの観察	もの（立体）を様々な角度から見て、どのように見えるかを推理する問題を段階別に整理し、１つの形式で複数の問題を練習できるように構成。
11. いろいろな仲間	ものや動物、植物の共通点を見つけ、分類していく問題を中心に構成。
12. 日常生活	日常生活における様々な問題を６つのテーマに分類し、各テーマごとに一つの問題形式で複数の問題を練習できるように構成。
13. 時間の流れ	『時間』に着目し、様々なものごとは、時間が経過するとどのように変化するのかということを学習し、理解できるように構成。
14. 数える	様々なものを『数える』ことから、数の多少の判定やかけ算、わり算の基礎までを練習できるように構成。
15. 比較	比較に関する問題を５つのテーマ（数、高さ、長さ、量、重さ）に分類し、各テーマごとに問題を段階別に練習できるように構成。
16. 積み木	数える対象を積み木に限定した問題集。
17. 言葉の音遊び	言葉の音に関する問題を５つのテーマに分類し、各テーマごとに問題を段階別に練習できるように構成。
18. いろいろな言葉	表現力をより豊かにするいろいろな言葉として、擬態語や擬声語、同音異義語、反意語、数詞を取り上げた問題集。
19. お話の記憶	お話を聴いてその内容を記憶、理解し、設問に答える形式の問題集。
20. 見る記憶・聴く記憶	「見て憶える」「聴いて憶える」という『記憶』分野に特化した問題集。
21. お話作り	いくつかの絵を元にしてお話を作る練習をして、想像力を養うことができるように構成。
22. 想像画	描かれてある形や景色に好きな絵を描くことにより、想像力を養うことができるように構成。
23. 切る・貼る・塗る	小学校入試で出題頻度の高い、はさみやのりなどを用いた巧緻性の問題を繰り返し練習できるように構成。
24・絵画	小学校入試で出題頻度の高い、お絵かきやぬり絵などクレヨンやクーピーペンを用いた巧緻性の問題を繰り返し練習できるように構成。
25. 生活巧緻性	小学校入試で出題頻度の高い日常生活の様々な場面における巧緻性の問題集。
26. 文字・数字	ひらがなの清音、濁音、拗音、拗長音、促音と１～20までの数字に焦点を絞り、練習できるように構成。
27. 理科	小学校入試で出題頻度が高くなりつつある理科の問題を集めた問題集。
28. 運動	出題頻度の高い運動問題を種目別に分けて構成。
29. 行動観察	項目ごとに問題提起をし、「このような時はどうか、あるいはどう対処するのか」の観点から問いかける形式の問題集。
30. 生活習慣	学校から家庭に提起された問題と思って、一問一問絵を見ながら話し合い、考える形式の問題集。
31. 推理思考	数、量、言語、常識（含理科、一般）など、諸々のジャンルから問題を構成し、近年の小学校入試問題傾向に沿って構成。
32. ブラックボックス	箱や筒の中を通ると、どのようなお約束でどのように変化するかを推理・思考する問題集。
33. シーソー	重さの違うものをシーソーに乗せた時どちらに傾くのか、またどうすればシーソーは釣り合うのかを思考する基礎的な問題集。
34. 季節	様々な行事や植物などを季節別に分類できるように知識をつける問題集。
35. 重ね図形	小学校入試で頻繁に出題されている「図形を重ね合わせてできる形」についての問題を集めました。
36. 同数発見	様々な物を数え「同じ数」を発見し、数の多少の判断や数の認識の基礎を学べるように構成した問題集。
37. 選んで数える	数の学習の基本となる、いろいろなものの数を正しく数える学習を行う問題集。
38. たし算・ひき算１	数字を使わず、たし算とひき算の基礎を身につけるための問題集。
39. たし算・ひき算２	数字を使わず、たし算とひき算の基礎を身につけるための問題集。
40. 数を分ける	数を等しく分ける問題です。等しく分けたときに余りが出るものもあります。
41. 数の構成	ある数がどのような数で構成されているか学んでいきます。
42. 一対多の対応	一対一の対応から、一対多の対応まで、かけ算の考え方の基礎学習を行います。
43. 数のやりとり	あげたり、もらったり、数の変化をしっかりと学びます。
44. 見えない数	指定された条件から数を導き出します。
45. 図形分割	図形の分割に関する問題集。パズルや合成の分野にも通じる様々な問題を集めました。
46. 回転図形	「回転図形」に関する問題集。やさしい問題から始め、いくつかの代表的なパターンから、段階を踏んで学習できるよう編集されています。
47. 座標の移動	「マス目の指示通りに移動する問題」と「指示された数だけ移動する問題」を収録。
48. 鏡図形	鏡で左右反転させた時の見え方を考えます。平面図形から立体図形、文字、絵まで。
49. しりとり	すべての学習の基礎となる「言葉」を学ぶこと、特に「語彙」を増やすことに重点をおき、さまざまなタイプの「しりとり」問題を集めました。
50. 観覧車	観覧車やメリーゴーラウンドなどを舞台にした「回転系列」の問題集。「推理思考」分野の問題ですが、要素として「図形」や「数量」も含みます。
51. 運筆①	鉛筆の持ち方を学び、点線なぞり、お手本を見ながらの模写で、線を引く練習をします。
52. 運筆②	運筆①からさらに発展し、「欠所補完」や「迷路」などを楽しみながら、より複雑な鉛筆運びを習得することを目指します。
53. 四方からの観察 積み木編	積み木を使用した「四方からの観察」に関する問題を練習できるように構成。
54. 図形の構成	見本の図形がどのような部分によって形づくられているかを考えます。
55. 理科②	理科的知識に関する問題を集中して練習する「常識」分野の問題集。
56. マナーとルール	道路や駅、公共の場でのマナー、安全や衛生に関する常識を学べるように構成。
57. 置き換え	さまざまな具体的・抽象的事象を記号で表す「置き換え」の問題を扱います。
58. 比較②	長さ・高さ・体積・数などを数学的な知識を使わず、論理的に推測する「比較」の問題を練習できるように構成。
59. 欠所補完	線と線のつながり、欠けた絵に当てはまるものなどを求める「欠所補完」に取り組める問題集です。
60. 言葉の音（おん）	しりとり、決まった順番の音をつなげるなど、「言葉の音」に関する問題に取り組める練習問題集です。

◆◆ニチガクのおすすめ問題集◆◆

より充実した家庭学習を目指し、ニチガクではさまざまな問題集をとりそろえております!!

サクセスウォッチャーズ（全18巻）

①〜⑱
本体各￥2,200＋税

全9分野を「基礎必修編」「実力アップ編」の2巻でカバーした、合計18冊。
各巻80問と豊富な問題数に加え、他の問題集では掲載していない詳しいアドバイスが、お子さまを指導する際に役立ちます。
各ページが、すぐに使えるミシン目付き。本番を意識したドリルワークが可能です。

ジュニアウォッチャー（既刊60巻）

①〜60（以下続刊）
本体各￥1,500＋税

入試出題頻度の高い9分野を、さらに60の項目にまで細分化。基礎学習に最適のシリーズ。
苦手分野におけるつまずきを、効率よく克服するための60冊です。
ポイントが絞られているため、無駄なく高い効果を得られます。

国立・私立 NEW ウォッチャーズ

言語／理科／図形／記憶
常識／数量／推理
本体各￥2,000＋税

シリーズ累計発行部数40万部以上を誇る大ベストセラー「ウォッチャーズシリーズ」の趣旨を引き継ぐ新シリーズ!!
実際に出題された過去問の「類題」を32問掲載。全問に「解答のポイント」付きだから家庭学習に最適です。「ミシン目」付き切り離し可能なプリント学習タイプ！

実践 ゆびさきトレーニング①・②・③

本体各￥2,500＋税

制作問題に特化した一冊。有名校が実際に出題した類似問題を35問掲載。
様々な道具の扱い（はさみ・のり・セロハンテープの使い方）から、手先・指先の訓練（ちぎる・貼る・塗る・切る・結ぶ）、また、表現することの楽しさも経験できる問題集です。

お話の記憶・読み聞かせ

［お話の記憶問題集］
中級／上級編
本体各￥2,000＋税

初級／過去類似編／ベスト30
本体各￥2,600＋税

1話5分の読み聞かせお話集①・②、入試実践編①
本体各￥1,800＋税

あらゆる学習に不可欠な、語彙力・集中力・記憶力・理解力・想像力を養うと言われているのが「お話の記憶」分野の問題。問題集は全問アドバイス付き。

分野別 苦手克服シリーズ（全6巻）

図形／数量／言語／
常識／記憶／推理
本体各￥2,000＋税

数量・図形・言語・常識・記憶の6分野。アンケートに基づいて、多くのお子さまがつまづきやすい苦手問題を、それぞれ40問掲載しました。
全問アドバイス付きですので、ご家庭において、そのつまづきを解消するためのプロセスも理解できます。

運動テスト・ノンペーパーテスト問題集

新 運動テスト問題集
本体￥2,200＋税

新 ノンペーパーテスト問題集
本体￥2,600＋税

ノンペーパーテストは国立・私立小学校で幅広く出題される、筆記用具を使用しない分野の問題を全40問掲載。
運動テスト問題集は運動分野に特化した問題集です。指示の理解や、ルールを守る訓練など、ポイントを押さえた学習に最適。全35問掲載。

口頭試問・面接テスト問題集

新 口頭試問・個別テスト問題集
本体￥2,500＋税

面接テスト問題集
本体￥2,000＋税

口頭試問は、主に個別テストとして口頭で出題解答を行うテスト形式。面接は、主に「考え」やふだんの「あり方」をたずねられるものです。
口頭で答える点は同じですが、内容は大きく異なります。想定する質問内容や答え方の幅を広げるために、どちらも手にとっていただきたい問題集です。

小学校受験 厳選難問集 ①・②

本体各￥2,600＋税

実際に出題された入試問題の中から、難易度の高い問題をピックアップし、アレンジした問題集。応用問題への挑戦は、基礎の理解度を測るだけでなく、お子さまの達成感・知的好奇心を触発します。
①は数量・図形・推理・言語、②は位置・常識・比較・記憶分野の難問を掲載。それぞれ40問。

国立小学校　対策問題集

国立小学校入試問題A・B・C
（全3巻）本体各￥3,282＋税

新 国立小学校直前集中講座
本体￥3,000＋税

国立小学校頻出の問題を厳選。細かな指導方法やアドバイスが掲載してあり、効率的な学習が進められます。「総集編」は難易度別にA〜Cの3冊。付録のレーダーチャートにより得意・不得意を認識でき、国立小学校受験対策に最適です。入試直前の対策には「新 直前集中講座」！

おうちでチャレンジ ①・②

本体各￥1,800＋税

関西最大級の模擬試験である小学校受験標準テストのペーパー問題を編集した実力養成に最適な問題集。延べ受験者数10,000人以上のデータを分析しお子さまの習熟度・到達度を一目で判別。
保護者必読の特別アドバイス収録！

Q & A シリーズ

『小学校受験で知っておくべき125のこと』
『小学校受験に関する 保護者の悩みQ＆A』
『新 小学校受験の入試面接Q＆A』
『新 小学校受験 願書・アンケート文例集500』
本体各￥2,600＋税
『小学校受験のための
願書の書き方から面接まで』
本体￥2,500＋税

「知りたい！」「聞きたい！」「こんな時どうすれば…？」そんな疑問や悩みにお答えする、オススメの人気シリーズです。

書籍についてのご注文・お問い合わせ
☎ 03-5261-8951

http://www.nichigaku.jp
※ご注文方法、書籍についての詳細は、Webサイトをご覧ください。

日本学習図書　検索

『読み聞かせ』×『質問』＝『聞く力』

お話の記憶の練習に最適

1話5分の
読み聞かせお話集①②

「アラビアン・ナイト」「アンデルセン童話」「イソップ寓話」「グリム童話」、日本や各国の民話、昔話、偉人伝の中から、教育的な物語や、過去に小学校入試でも出題された有名なお話を中心に掲載。お話ごとに、内容に関連したお子さまへの質問も掲載しています。「読み聞かせ」を通して、お子さまの『聞く力』を伸ばすことを目指します。　①巻・②巻　各48話

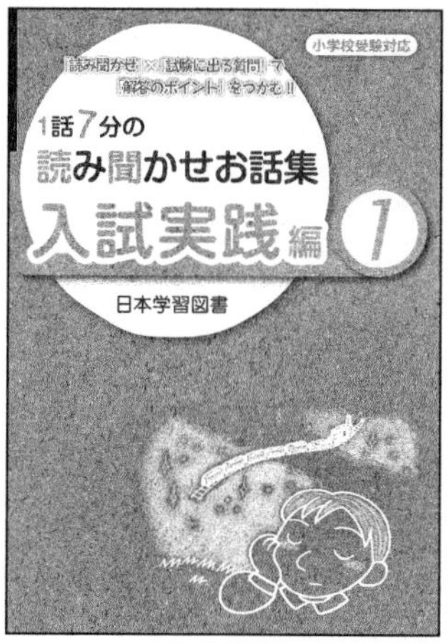

1話7分の読み聞かせお話集
入試実践編①

国立・私立小学校受験対応

最長1,700文字の長文のお話を掲載。有名でない＝「聞いたことのない」お話を聞くことで、『集中力』のアップを目指します。設問も、実際の試験を意識した設問としています。ペーパーテスト実施校の多くが「お話の記憶」の問題を出題します。毎日の「読み聞かせ」と「試験に出る質問」で、「解答のポイント」をつかんで臨みましょう！　50話収録

ニチガクの　この5冊で受験準備も万全！

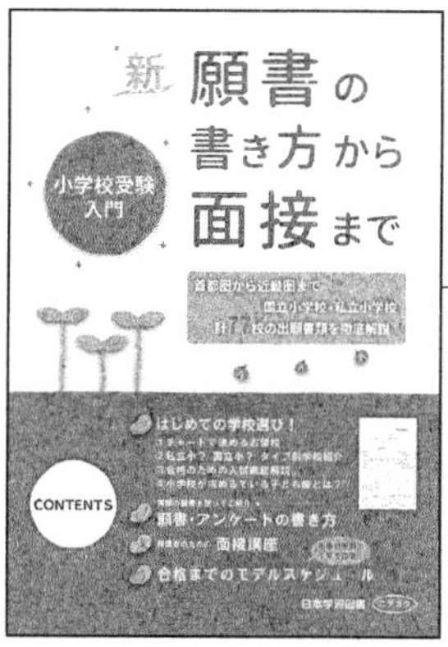

小学校受験入門
願書の書き方から面接まで　リニューアル版

主要私立・国立小学校の願書・面接内容を中心に、学校選びや入試の分野傾向、服装コーディネート、持ち物リストなども網羅し、受験準備全体をサポートします。

小学校受験で
知っておくべき
125のこと

小学校受験の基本から怪しい「ウワサ」まで、保護者の方々からの 125 の質問にていねいに解答。目からウロコのお受験本。

新　小学校受験の
入試面接Q＆A　リニューアル版

過去十数年に遡り、面接での質問内容を網羅。小学校別、父親・母親・志願者別、さらに学校のこと・志望動機・お子さまについてなど分野ごとに模範解答例やアドバイスを掲載。

新　願書・アンケート
文例集 500　リニューアル版

有名私立小、難関国立小の願書やアンケートに記入するための適切な文例を、質問の項目別に収録。合格を掴むためのヒントが満載！　願書を書く前に、ぜひ一度お読みください。

小学校受験に関する
保護者の悩みQ＆A

保護者の方約 1,000 人に、学習・生活・躾に関する悩みや問題を取材。その中から厳選した 200 例以上の悩みに、「ふだんの生活」と「入試直前」のアドバイス２本立てで悩みを解決。

日本学習図書株式会社

家庭学習を
トータルサポート！ ニチガクのオリジナル 効果的 学習法

1 まずは アドバイスページを読む！

ピンク色です

対策や試験ポイントがぎっしりつまった「家庭学習ガイド」。分野アイコンで、試験の傾向をおさえよう！

過去問のこだわり

最新問題は問題ページ、イラストページ、解答・解説ページが独立しており、お子さまにすぐに取り掛かっていただける作りになっています。
ニチガクの学校別問題集ならではの、学習法を含めたアドバイスを利用して効率のよい家庭学習を進めてください。

2 問題をすべて読み、出題傾向を把握する

3 「学習のポイント」で学校側の観点や問題の解説を熟読

4 はじめて過去問題にチャレンジ！

5 プラスα 対策問題集や類題で力を付ける

各問題のジャンル

問題7 分野：図形（図形の構成） Aグループ男子

〈解答〉 下図参照

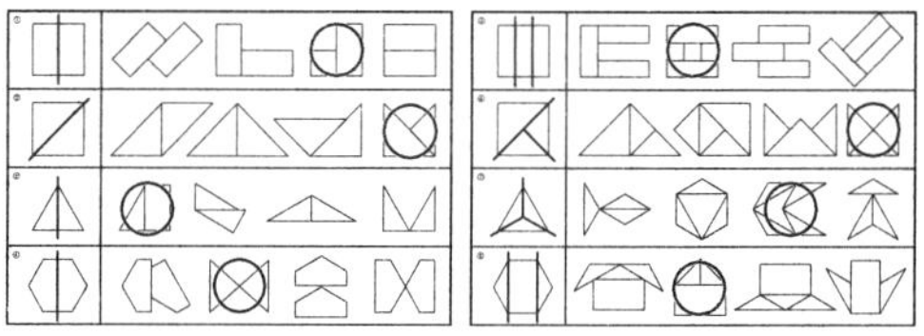

図形の構成の問題です。解答時間が圧倒的に短いので、直感的に答えないと全問答えることはできないでしょう。例年ほど難しい問題ではないので、ある程度準備をしたお子さまなら可能のはずです。注意すべきなのはケアレスミスで、「できないものはどれですか」と聞かれているのに、できるものに○をしたりしてはおしまいです。こういった問題では基礎とも言える問題なので、もしわからなかった場合は基礎問題を分野別の問題集などでおさらいしておきましょう。

【おすすめ問題集】
★筑波大附属小学校図形攻略問題集①②★（書店では販売しておりません）
Jr・ウォッチャー9「合成」、54「図形の構成」

学習のポイント

各問題の解説や学校の観点、指導のポイントなどを教えます。
今日から保護者の方が家庭学習の先生に！

おすすめ対策問題集

分野ごとに対策問題集をご紹介。苦手分野の克服に最適です！
＊専用注文書付き。

2022年度版 東京学芸大学附属小金井小学校
ステップアップ問題集

発行日 2021年11月1日
発行所 〒162-0821 東京都新宿区津久戸町 3-11-9F
日本学習図書株式会社
電 話 03-5261-8951 ㈹

・本書の一部または全部を無断で複写転載することは禁じられています。
乱丁、落丁の場合は発行所でお取り替え致します。

ISBN978-4-7761-5373-3
C6037 ¥2000E
9784776153733
定価 2,200 円
（本体 2,000 円 + 税 10%）
1926037020004

詳細は http://www.nichigaku.jp 日本学習図書 検索